# 從矛盾到和解

# 家庭系統
## 療癒法

趙中華 著

病態共生、身分定位、婚姻挑戰……
從修復親情到認識自己，解開情感纏繞，共建和諧關係

── 連接 × 看見 × 療癒 × 創造 ──

實用策略與案例分析，重建健康穩定的關係
從家庭系統概念到個人、親子、伴侶關係的深層解讀
走向關係和諧與個體幸福，核心概念及真實療癒個案集

# 目錄

目錄

# 前言

我們常說：「三十年河東，三十年河西。」現在對這句話，我又有了新的理解。在我們這個迅速發展的時代，不需要三十年時間，社會就會發生翻天覆地的變化。隨之而來的是更多新的挑戰，夫妻矛盾、憂鬱、焦慮、上癮、沉迷網路、親子關係緊張……一系列的心理困惑逐漸進入我們的視野，人們急需尋求解決之道，從而引發後現代心理學的傳播，讓心理療癒成為人們內心的需求和渴望。

約瑟夫·坎貝爾說我們有三種不同的人生：「村民生活」、「沙漠流浪」、「英雄之旅」。

「村民生活」指的是我們畢業後找份工作，結婚生子，賺錢買房、買車，退休養老，最後死亡，這也是很多人的人生軌跡。

「沙漠流浪」就是當我們到了一定的年齡，逐漸失去了生活的熱情和創造力，開始沉迷於賭博、酗酒、上癮，精神處於憂鬱、焦慮中，就好比我們被放逐在沙漠當中，迷失了方向，失去了自我，在沙漠中流浪，無助地度過我們的餘生。

「英雄之旅」指的就是我們可以活成自己人生的「英雄」，在某個時間，遇見了某個人、某件事，他觸碰了我們內在深處的靈魂，讓我們聽到來自生命的召喚，讓我們帶著

好奇去探索自己的內在，告訴我們自己，人生不應該這樣，然後像一個勇士一樣去冒險、去探索、去成長，勇敢地對自己說：「我可以活成自己的英雄之旅，開啟全新篇章，實現人生的意義與價值。」

我還清晰地記得 10 年前第一次聽喬·吉拉德（Joe Girard）演講的感受，我第一次感受到 80 多歲的老人，還可以去全世界演講，分享他的人生故事，而不是像我家鄉的老人那樣坐在樹下慢慢老去。在那一刻，我被深深地觸動了，並告訴自己，這才是我要的人生。

我開始思考我是誰？從哪裡來？要到哪裡去？究竟是什麼在影響著我的生命？是什麼樣的經歷讓我形成這樣的人格？帶著這樣的好奇，開啟了我的療癒師旅程，我開始不斷探求：親密關係、親子關係、父母關係、自我關係、原生家庭等方面的問題根源。

我將自己多年的學習體會和實踐經驗總結成這本書，希望能夠幫助讀者對「家庭系統療癒」課程架構有一個全面的認知，讓大家能夠從系統的角度看待家庭和自我，用新的視角解決家庭的問題，同時我也希望結交更多的心理學愛好者，和大家一起彼此同修、共同成長。

我要感謝我的老師們，讓我可以站在巨人的肩膀上成長，在此對他們表達我真誠的感謝（排名不分先後）。

—— Jeffrey 博士 艾瑞克森催眠

—— Stephen Gilligan 博士 催眠療癒導師班

—— Tony Buzan 思維導圖

—— Bert Hellinger 伯特·海靈格

—— NLP 執行師、導師班 李中瑩

—— 薩提爾家庭治療 林文采

—— 系統整合導師班（系統排列）鄭立峰

—— Peter A. Levine 創傷療癒

……

除了感謝我的老師們，我還要由衷地感謝我的案主們，因為在療癒他們的同時，也在療癒我自己，是他們的勇敢和慈悲深深地觸動了我，讓我可以在心理學領域不再孤單，就如同禪宗六祖惠能大師所說：「本欲渡眾生，反被眾生渡。」

在家庭中，我的配偶就是我的婚姻老師；我的孩子就是我的親子老師；我的父母就是我的原生家庭老師；我的童年就是我創傷療癒的老師，因為有了他們，讓我在人生的路上如同有了一面鏡子，可以照見自己的人生，使我成長。就如同莊子所說：「至人之用心若鏡，不將不迎，應而不藏，故能勝物而不傷。」這也是我終身修練的方向。

那本書的「家庭系統療癒」是指什麼呢？它和其他的心理流派有什麼區別？這我要從其中三個關鍵詞說起：

1. 家庭。我們聚焦的是家庭關係，因為家是我們的根。

2. 系統。為什麼要叫系統療癒呢？因為我們隸屬於系統當中，空氣、水、大樹、大海、爸爸、媽媽、同學、老師，我們只是系統中的一分子，所以我們都可以透過系統的所有一切來療癒我們。當我們今天走進一座花園，被一朵玫瑰花吸引，其實玫瑰花也是在療癒我們；當我們來到大海邊，感受到海風、海浪，讓我們無比地放鬆，而此刻大海就像媽媽一樣療癒我們，所以大自然系統也在療癒我們，這就是系統的力量。

3. 療癒。我們每個人最終都需要走向自我療癒的旅程，正如榮格所說：「30 歲之前我們把自己交給別人，失去了自我；而 30 歲之後我們可以把愛和療癒帶給自己，開啟全新的自我療癒旅程。」

所以我這本書涉及三個核心：家庭、系統、療癒，而這本書也是我的一些學習體會和經驗總結，希望能夠以書會友，不當之處還希望大家指正，再次表示感謝。

# 第一章

## 家庭系統的基礎概念

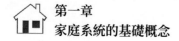
# 系統的概念

　　系統指的是一種全域性的思維，比如以我的角度去看待系統，就是由我、他人、事情、物品、環境等一系列元素構成的，而系統與系統之間是相互關聯、相互影響的，同時系統是無處不在的。最大的系統是宇宙，我們都生活在這個系統中。

　　家庭系統指的就是所有的家庭成員，而家族系統就包含了整個家族的成員，包括去世的和在世的所有成員，他們都屬於整個家族。夫妻系統指的就是你和你的伴侶，而兄妹系統指的就是哥哥和妹妹的關係，所以當我們要處理問題時，一定要先弄清楚對方要探索哪個系統，或者解決哪個系統的問題，只有分清楚了才能直達問題的本質。

　　每一個系統都有各自的法則、規律與道，要讀懂系統便要懂系統的法則，順勢而為，與道同行。

　　我們在心理輔導療癒的過程中，如果案主希望解決親子關係問題，我們不能只是簡單地關心案主和孩子的問題，而要知道一個問題的產生，是由很多因素引起的，它是一個系統問題，其中關係到個人系統、家庭系統、家族系統，他們

之間都是有關聯的。比如我有一個案主來諮詢親子關係問題，最終我們發現他們的親子關係和他們夫妻感情不和、案主和她父親的關係惡劣都有關聯，當我們能夠用一個系統的角度看待問題的時候，你就能以全域性的角度與視角去看待一個區域性問題，從而看到更多的可能性。

我們看到一把椅子，而這把椅子原來是森林裡的一棵樹，透過伐木工的開採，再透過切割、改造、塑形、油漆、安裝等工序，最終才成為一把椅子，而那棵樹是透過一粒樹的種子，在陽光雨露中才長成參天大樹，這就是從系統的角度來看待問題，是一種全域性思維。

# 家庭系統的進化

## 1. 系統總是在變

　　許多人不理解為什麼配偶總是會變？為什麼孩子會變？大家應該明白沒有誰是不變的，人作為一個系統，就是會一直發生變化。只有掌握系統的規則，我們才能掌握「道」，了解什麼叫智慧。大自然每一秒都在變，每個人也會不斷變化，而不少人的痛苦來自不希望改變，不承認改變，不跟著對方的變化而變化。

　　一對夫妻結婚時，老公對老婆許下誓言：「我會愛妳一輩子，疼妳一輩子。」老婆非常感動，與他攜手走進婚姻殿堂。婚姻初期雙方確實相當幸福，老公也確實信守了諾言，可是幾年之後，老公沒有那麼浪漫了，與老婆也沒有那麼親密了，這時老婆痛苦地說：「老公你怎麼不愛我了？」然後開始爭吵，直至冷戰。痛苦的原因是什麼？因為老公每一天都在變，第一年的需求和第二年的需求是不一樣的，女人也在變，剛開始是嫁給愛情，隨著孩子的誕生、婆媳關係的挑戰……很多新的問題撲面而來，環境變了，需要女人隨著環境的改變而改變，這就是老子所說的「道法自然」。

　　倘若用兩個字概括人的煩惱，我認為「我執」是最合適的，「我執」的核心就是不願意變，孩子小學考試 100 分，父母十分高興，而到了國中只有 80 分，父母就開始痛苦，為什麼呢？因為父母還是活在孩子的小學階段，而看不到現在孩子的學習難度提升了，因此產生痛苦。父母需要隨著孩子的成長一起成長，看到孩子學業難度的提升及孩子的努力，看到孩子 80 分還有很大的進步空間。

　　孩子小時候，父母哄一哄、嚇一嚇，孩子就乖了。可是孩子到了青春期，父母發現這些方法不管用，就開始痛苦了，其實背後反映的是父母的教育能力沒有隨著孩子的成長而提升，說明父母需要成長、需要改變了，而有些父母不能跟上孩子成長的步伐。

　　所以說系統總是會變的，不變是不可能的。而且系統總是會向更好的方向發展、前進和壯大。這就是系統隱藏的法則。

## 2. 系統總是向前的

　　系統的特點總是往「前」發展。以我為例，爺爺把生命傳給爸爸，爸爸把生命傳給我。爺爺已經去世，爸爸也會離去，有一天我也會離開這個世界。我會把生命傳給子女，子女還會把生命傳給後代。人生就像一根鏈條，會不斷地延續下去。系統也是這樣，一直往前發展。

　　我們一定要相信一代比一代更強，但許多父母卻不相信孩子，否定孩子，質疑孩子。不少父母的口頭禪是：「我吃的鹽，比你吃的飯還多。」這句話反映出父母對孩子的不信任。父母不能要求 10 歲的孩子達到 40 歲的閱歷，回憶一下當年 10 歲的自己和現在 10 歲的孩子相比，誰懂得多一點？像是對於一些電視或者電子產品的事情，我媽媽還需要請教我 8 歲的孩子。所以孩子一代應該比一代更聰明，不然我們人類無法取得今天的成就。我經常說孩子是沒有長大的大人，大人很多時候是沒有長大的孩子，所以許多家長的焦慮是多餘的，都是和自己的「我執」有關。

# 家族系統的概念

家族系統指的是整個家族成員。家族系統裡面有兩類人，包括血緣關係和非血緣關係。

血緣關係是指直系親屬，爺爺、奶奶、爸爸、媽媽、兄弟、姊妹等都是有血緣關係的人，而容易被忽略的是被遺忘的人、流產的孩子、送養的孩子，其實他們都是家族裡的一分子，都應該在家族裡面有自己的位置，當每個人都能回歸到自己的位置，承認其位置，這就稱之為家族的整體。

非血緣關係是指在家族系統裡面，雖然沒有血緣關係，但他們對我們的人生造成重大影響的人，包括以下幾類人：

## 1. 位置讓出

例如父母離婚或者伴侶其中有一個意外去世，又重新組織了家庭，繼父或者繼母在養育孩子的過程中，付出幾十年甚至更長時間，那這個人也是家族系統裡面的一分子。或者某個鄰居在你小時候，對你照顧特別多，時間相當長，並且影響甚大，那麼這些人都是影響你生命的人。

## 2. 生死之交

比如我的一位講師朋友，他小時候曾經從火車上摔下來，被火車從大腿上壓過去，失去了雙腿，火車上一位愛心人士及時將他送進醫院治療，他才得以保住性命。我的朋友康復之後，為了報答救命之恩，千方百計尋找救命恩人，最終找到了這位恩人，之後朋友每年都會去看望他。因此對於我朋友來說，這位救命恩人也是他家族裡面的一分子。

## 3. 意外死亡事件

像是某人的父母出車禍，而肇事司機導致其整個人生都發生了改變，其家族系統也發生改變，特別是影響到直系家庭成員，而後面的家族動力都有可能出現糾纏。

## 4. 遺產的承接

倘若你繼承了家族的財產，同時也繼承了家族的動力，或者有一些不當得利也會產生影響，比如爸爸喜歡賭博，債主找上家門，最後兒女替父親還債，這就是一種承接。再比如父母非常有錢，父親去世後留下鉅額遺產，突然出現了一個私生子來爭奪遺產，最後成功地分走了遺產，這也是一種承接，承接了他的系統。

# 人際關係和諧圖

薩提爾模式（Satir model）是眾多心理學流派當中非常有代表性的家庭療癒流派，透過系統學習薩提爾模式，我得到了很大的啟發，在薩提爾流派當中就提到了人際關係和諧圖（詳見圖1-1）。

圖 1-1 人際關係和諧圖

人際關係和諧圖有三個板塊：

「自我」指的是焦點在我的身上，我的需求、我的渴望、我的行事方法、我的信念……

「他人」指的是和你互動的人，比如你的孩子、伴侶、同事、客戶……

「情境」指的是除了我和他人之外的一切環境……

我們想要人際關係和諧，便需要處理好我與他人、情境的關係。若是一個人把注意力全部放在自己身上，那麼這個人的人際關係就很難和諧。比如有個臺南人邀請大家到家裡吃飯，其中有臺北人和高雄人，結果他全部按照臺南口味做菜，每道菜都偏甜，客人心裡便會認為主人不尊重他，也不歡迎他，下次肯定不會來了，這樣關係就不和諧了。因為他所有的焦點都在自己身上，不管客人喜不喜歡偏甜的口味，反正他要吃甜，這也是「我執」的表現。

如果在家庭關係中，老婆固執地認為老公就要疼我、理解我、愛我、包容我、錢由我來保管，這個老婆心裡只有自己，忽略了老公和情境，所以夫妻關係很難和諧。婚姻必須是我先餵飽你，然後你再餵飽我，這樣才能從平衡的角度去發展，因此老婆要思考老公要什麼？老公的需求是什麼？他需要什麼樣的愛？當老婆的角度有我、有他人、有情境，夫妻關係才會發生改變。

假使在親子關係中，你只關注自己要什麼，例如你要孩子聽話，要孩子按時寫作業，要孩子按時起床等。你的焦點都在自己身上，他人和情境你都忽略了，所以你和孩子的人際關係很難和諧融洽。倘若你能去詢問孩子希望擁有什麼樣的愛，希望用什麼樣的模式相處，你會發現你們的關係將得到改善。

　　一定要讓孩子建立自我意識，讓孩子有一些主見，如果都是父母說了算，孩子沒有作主的權利，隨著孩子年齡增長，親子關係就會出現問題。所以一定要給孩子一些作主的權利，只要不涉及重大的事情，家長可以讓孩子學著作主，讓他具備獨立思考的能力。

　　關於情境，我想講個故事：

　　有一天老師打電話給一位單親媽媽，說她家孩子在班上玩撲克牌，影響了其他同學，需要她來學校一趟。媽媽非常生氣，氣沖沖地跑到學校。結果在學校的走廊上，發現了孩子，就質問孩子為什麼這麼調皮，情緒越來越激動，最後媽媽當著眾多同學的面給了孩子一巴掌，還掐兒子的脖子。媽媽做完這一切離開之後，兒子立刻就跳樓了。

　　我在課堂上問現場的父母，你們覺得這位媽媽愛不愛孩子？全場回答這位媽媽愛孩子，我又問這位媽媽當著同學的面打孩子，請問孩子能不能感受到這位媽媽的愛？這個問題讓許多家長陷入沉思。因此愛得多不如愛得對。如果這位媽媽私下和孩子談談，也許結果就不一樣了，所以情境十分重要。你想得有多遠，想得有多寬，代表你的智慧有多高、有多深。

　　NLP（Neuro-Linguistic Programming）常說照顧了「三贏」就不會有後遺症，其實說的也是系統的全域性思維。

當我們在行為處世時，除了要照顧自己，也要照顧他人，同時更要照顧環境，而不是像個小孩子一樣往地上一躺：「我不管我就要，你們都需要來照顧我，我的脾氣是不可能改變的，你們都需要來遷就我。」這就代表你的心智還需要成長。

# 家庭系統五大原則

## 1. 整體

　　鋼琴能彈出美妙的音樂，是因為它具備弦列、音板、支架、鍵盤系統（包括黑白琴鍵和擊弦槌，共 88 個琴鍵）、踏板機械（包括頂桿和踏板）和外殼共六大部分組成，少一個都不能發出聲音，這就叫做鋼琴的整體性。而我們研究家庭，就要從一個整體的角度去看待，包括個人的整體性、家庭的整體性、家族的整體性。

　　這種整體性意味著，每一個零件的問題都會影響整體的效能，就像「蝴蝶效應」一樣。西元 1963 年，美國氣象學家愛德華・羅倫茲（Edward Norton Lorenz）在提交的一篇論文中分析了這個效應。「一位氣象學家提及，如果這個理論被證明是正確的，那麼一隻海鷗搧動翅膀，便足以永遠改變天氣變化。」在以後的演講和論文中，他用了更加有詩意的蝴蝶。對於這個效應最常見的闡述是：「一隻南美洲亞馬遜河流域熱帶雨林中的蝴蝶，偶爾搧動幾下翅膀，便可以在兩週後引起美國德克薩斯州的一場龍捲風。」

　　其原因就是蝴蝶搧動翅膀的運動，導致其身邊的空氣系

統發生變化，並產生微弱的氣流；而微弱氣流的產生，又會引起四周空氣或其他系統產生相應的變化，由此引起一串連鎖反應，最終導致其他系統的極大變化，他稱之為混沌學。不起眼的一個小動作，就能引起一連串的巨大反應。

而家庭的每一個成員之間，都存在「蝴蝶效應」。例如父母離婚可能會對孩子的成長和發展產生各種影響，甚至會影響到雙方家族及家族系統成員的感情，或者還有其他家庭成員也會受到不同程度的影響，夫妻離婚帶來的不僅僅只有夫妻之間關係的改變，其實是每一位家庭成員都會受其影響。

## 2. 平衡

平衡是一個大智慧，老子說：「為學日益，為道日損。」一進一退即平衡。佛學說：「不生不滅，不垢不淨，不增不減。」也是平衡，平衡是我們家庭系統療癒非常重要的理念之一。

所有的不平衡都會在平衡中平衡。對一個家族系統來說，只有平衡了才能和諧。那麼什麼是平衡？比如 A 請 B 吃飯，想向 B 請教一個問題。在吃飯過程中，B 避而不談 A 提出的問題，吃完飯就走了，這時候 A 和 B 的關係便會出現不平衡。假使在吃飯的過程中，B 了解到 A 的困惑，主動分享經驗，使 A 得到很大的啟發，A 和 B 都有付出和收穫，兩個人就會感到平衡。

再比如親子關係平衡問題。孩子小時候都聽父母的，穿

什麼衣服，剪什麼髮型，上什麼樣的才藝班，吃什麼東西，全都是父母作主，你覺得孩子是什麼樣的感受？這就是極度的不平衡，所以孩子長大後，叛逆是必然的，因為所有的不平衡都會在平衡中平衡。

有一個 8 歲的小女孩過生日，父母買了蛋糕給孩子，也插上了蠟燭，媽媽說：「今天是妳的生日，我可以實現妳一個願望。」小女孩說太棒了，馬上雙手合十說要吃冰淇淋。媽媽旋即表示吃冰淇淋對身體不好。小女孩嘟起嘴抗議媽媽說話不算數，媽媽說這都是為了小女孩好，除了冰淇淋，其他都可以。小女孩便雙手合十說要喝冰可樂，媽媽又拒絕了，說喝可樂對身體不好。小女孩的臉立刻拉了下來，說媽媽說話又不算數，媽媽說：「我都是為了妳好，除了冰淇淋、可樂，其他的都可以……」最終孩子說：「那還是媽媽作主吧！我都聽妳的……」

所以我經常開玩笑說，最傷孩子的話中就是這句：「我都是為你好。」因為這樣的關係非常不平衡，都是媽媽在作主，我們可以推測這個小女孩長大之後，和媽媽的關係很有可能會出現愛的糾纏問題。

## 3.序位

序位指的就是位置。

那序位對家庭有什麼影響呢？我用樓層來舉例，如果爺

爺奶奶在二樓，那父母就在一樓，子女就在地下一樓，倘若二樓漏水了，我們修一樓，你覺得能修好嗎？所以要從二樓開始修。

一切源於愛，一切始於愛，家庭因愛而開始，同時也是因愛而產生痛苦，當愛無法流動，就會產生糾纏，而這份不能流動的愛，很大的原因就是序位不清，身分錯位導致的。

不少夫妻剛結婚時關係不錯，有了孩子之後，媽媽把注意力全部放在孩子身上，完全忽視了老公，卻說都是為了孩子好，漸漸地兩人的關係發生了改變，媽媽心中孩子的位置大於伴侶的位置，這就是序位不清，也叫身分錯位，我發現這個問題對家庭的影響非常大，會引發愛的糾纏問題。

例如，夫妻因為某些原因離婚，兒子判給了媽媽。媽媽暗暗發誓一定要給孩子最好的愛，甚至不再尋找伴侶，把自己的一切都奉獻給了孩子。孩子在成長過程中發現媽媽非常不容易，為自己付出太多，於是開始同情媽媽，想去彌補媽媽。其實這個時候，孩子的位置很有可能到了爸爸的位置，而媽媽一直這樣奉獻自己不找伴侶，也很有可能把兒子當成了理想伴侶去培養，當出現了這種序位不清時，愛就會出現糾纏，而親子之間的愛就無法流動，從而產生一系列的困惑。

還有與父母之間的序位，與兄弟姊妹之間的序位，都是需要我們去發現、去探索的，當子女總是想改造自己的爸爸

媽媽時，其實序位也是不清的。

在系統當中序位出現了混亂，往往當事人是不容易察覺的，所以透過我們的個案現場呈現出來的時候，很多案主都難以相信，當案主回到自己的位置時，感觸非常大，不少人都有輕鬆的感覺。

## 4. 流動

家庭的主題是關於愛，那愛的核心是什麼？是流動。比如我買一個兒子心愛的玩具給他，兒子回覆我一個甜蜜的吻，這就是愛的流動；老婆為我洗衣服，我說一聲辛苦了，謝謝，這也是愛的流動；父母把我養大成人，過年我買新衣服給父母，再包個大紅包，這也是愛的流動。

家庭的困境往往是因為愛沒有流動起來，讓許多關係出現了糾纏，就像我有一個案主，孩子待在家裡 1 年不出門，和爸爸沒有交流，這是為什麼？是愛無法流動了！爸爸一定是愛孩子的，為了愛孩子，把孩子送去治療網路成癮，可是這樣的行為對孩子造成了很大的傷害；而孩子也是愛爸爸的，否則孩子不會待在家裡，而且還默默地關注家庭的變化、父母的變化……他們彼此愛著對方，那障礙究竟是什麼？就是愛的方式出現了問題，讓愛無法流動，如同一潭死水沒有了活力與流動性……

## 5. 事實

療癒師很重要的工作，就是幫助來訪者看清事情的真相，尊重事實本身，因此在家庭系統療癒師 7 大核心步驟裡面，有一點就是呈現、看到事情的本質。現實中有些人活在自己幻想出來的世界裡，我們要幫助他們走出幻想的世界，看到事情的真相。

許多媽媽來求助我，想改善他們的親子關係，或者伴侶關係，她們都相當困惑：我這麼愛孩子、老公，他們為什麼對我這麼冷淡？傷害我，甚至恨我！我想不通，也想不明白，所以非常痛苦。

那案主為什麼這麼痛苦呢？因為她以為這樣的「愛」就是「愛」，對方卻不認為這是愛。例如，媽媽每天讓孩子做作業 4 個小時以上，並且要求孩子坐直、坐正，不能開小差，不能玩筆頭。我知道媽媽是希望孩子好好學習，我也知道學習的重要性，但是這樣的愛真的是愛嗎？家長問過孩子的感受嗎？當孩子不學習的時候，家長是怎麼陪伴他的？孩子是如何來感受父母的愛的？如果父母想知道自己是不是合格的父母，我建議大家找一個機會讓孩子為你打個分，最高分是 10 分，最低分是 1 分，透過分數，你就能看清事實的真相，看一看你的愛在孩子那裡的回應是多少分。

當我幫來訪者做個案時，聽到兒子大聲地喊出「媽媽我

恨妳」時，媽媽的身體是顫抖的，因為她不敢相信自己最愛的孩子這麼恨自己，對於媽媽來說如同晴天霹靂，此時媽媽才真正地看到事實的真相，內心受到極大觸動，只有這時，母子雙方才能讓愛從糾纏走向流動。

# 冥想療癒

我帶領大家做一個關於家族系統的冥想療癒，首先我們找到一處安靜的環境，確定不被打擾。

然後慢慢地站起來……輕輕地閉上眼睛……把注意力放在呼吸上……慢慢地吸氣……慢慢地吐氣……放鬆臉頰的肌肉……放鬆緊鎖的眉頭……放鬆肩膀……想像你的肩膀如同冰塊一樣融化……放鬆……雙手自然垂下……放鬆腰部……放鬆大腿……放鬆小腿……感覺雙腳踏在地板的感覺……去感受身體的每一種感受……完完全全地放鬆下來……

當你感覺到自己完全放鬆之後……想像你的爸爸出現在你的對面……回憶一下爸爸的模樣……也許你和爸爸之間發生了一些事情……或者還有一些不愉快的事情……不過今天我們只站在生命的角度去看待……去連線……然後我們看著爸爸說……感謝您給予我生命……讓我來到這個世界……謝謝您！我愛您！同時也想像爸爸的背後……站著爺爺奶奶……爺爺奶奶的背後站著整個父系家族……然後看向他們說……感謝歷代祖先給予我生命……讓我來到這個世界……謝謝你們……我愛你們……（可以的話鞠躬表示感謝）

　　然後再次想像你的媽媽出現在你的對面……回憶一下媽媽的模樣……也許你和媽媽之間發生了一些事情……或者還有一些不愉快的事情……不過今天我們只站在生命的角度去看待……去連線……然後我們看著媽媽說……感謝您給予我生命……讓我來到這個世界……謝謝您……我愛您……同時也想像媽媽的背後站著外公外婆……外公外婆的背後站著整個母系家族……然後看向他們說……感謝歷代祖先給予我生命……讓我來到這個世界……謝謝你們……我愛你們……（可以的話鞠躬表示感謝）

　　深深地吸一口氣……連線這份力量與愛……然後再慢慢地醒過來……回到當下。

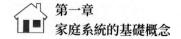
# 真實療癒個案

## ■好的家庭氛圍，從自己快樂開始

案主：女士，43 歲，想改善與姊姊、爸爸、媽媽的關係。

趙中華：妳想做什麼主題？

案主：希望改善和家人的關係。

趙中華：妳結婚幾年了？

案主：結婚 20 年了。

趙中華：有幾個孩子？

案主：有 3 個孩子，一個女兒，兩個兒子。女兒 19 歲，兩年前得了憂鬱症，前年休學一年，去年回到學校，但不到一個學期又回家，今年剛開學不久就請假，不願意回學校了。

趙中華：妳認為是什麼原因導致她憂鬱呢？

案主：自從老二出生之後，我們對她的關注和關心太少了。

趙中華：妳知道女兒為什麼會憂鬱嗎？

案主：不知道。

趙中華：妳每天過得開心嗎？

案主：我覺得不是很開心，卻也不是太差，沒有很悲傷

或者很難過的情緒。

趙中華：妳的笑容多嗎？

案主：不太多。

趙中華：在家庭裡面，若是孩子有一些不好的症狀，可能和父母的狀態有關，像是媽媽有憂鬱症，孩子也容易有憂鬱症，而媽媽自己並沒有覺察，但我不能確定妳女兒是這個原因。從妳走進來時，我就感覺妳心裡有許多話要表達。

案主：生活比較平靜，沒有什麼開心的事，而且我有不少事情要去面對和解決。

趙中華：其實人生當中樂趣頗多，快樂的事情也多，只是妳沒有感受到，這可能與妳的童年經歷有關，妳小時候發生過什麼印象比較深刻的事嗎？

案主：我們家是一個多子女家庭。我在家裡排第五，我有一個哥哥，三個姊姊，還有一個妹妹，小時候我就覺得在家裡沒有什麼存在感，一般都很少說話。

趙中華：一般像這種多子女家庭，夾在中間的孩子往往容易被忽視。

案主：我 10 歲時，就記得家裡總是在吵架，要麼是父母在吵，要麼是我媽和奶奶在吵，或者是我媽和嫂嫂在吵。我有時會一個人走到外面，想著這個世界要是沒有我，會不會不一樣，我覺得自己有些憂鬱。結婚後，我姊姊被姊夫殺

了，正好那段時間，我和老公也經常吵架，我也是感到非常憂鬱，去找心理醫生聊過兩次，沒有太好的效果。我今天來，就是想探索一下憂鬱的原因，也想發洩一些負面情緒。

趙中華：妳覺得自己的負面情緒來自哪裡？

案主：來自我爸爸，我爸爸經常出門工作，我們很少交流，我覺得他嫌棄我，我媽媽生完我姊姊就不想再生了，可是我爸爸說他命中應該有三個兒子，還想再要孩子，偏偏我又是女孩。

趙中華：講一下妳的媽媽。

案主：我媽媽很勤奮，也很聰明，她生了這麼多孩子，我覺得她十分辛苦。

趙中華：妳有一種憂鬱的氣質，我不知道背後是什麼原因。

案主：可能是因為我小時候缺愛。記得有一次，我從二樓陽臺上摔下來，摔得後背很痛，但是沒有人過來扶一下，也沒人關心我。因此從小到大，很多問題我都學會自己去處理。

趙中華：我感覺妳的憂鬱對孩子影響挺大的。

案主：是的，我也知道生活中有很多快樂的事情，可是我找不到那種快樂的感覺。

趙中華：妳眼中有淚光，是什麼原因？

案主：我第一次和別人討論自己的問題，感覺找到一點共鳴。

趙中華：感覺妳被看見了，是吧？

案主：是的。

趙中華：那我們來排列一下妳的原生家庭。

● 排列呈現

（引入案主代表、爸爸代表、媽媽代表、大哥代表、大姊代表、二姊代表、三姊代表、妹妹代表）

趙中華：大家跟著感覺移動一下（見圖 1-2）[1]。

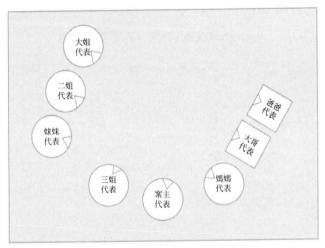

圖 1-2 各位代表排列呈現

趙中華：大家都有什麼感覺？

案主代表：我感覺有點孤獨，特別無助，很不開心。

大哥代表：我想和媽媽更親近一點，和爸爸關係也不錯。

---

[1] 本書個案中的代表都是請真人當代表，圖中圓形代表女性，方形代表男性，三角代表眼睛注視的方向。

趙中華：妳選了一個穿一身黑衣服的人當代表，同時這個代表也感覺到孤獨，說明妳很多時候是被忽略的，沒有被看見，沒有被讚美。

我們再引入憂鬱代表、童年經歷代表和其他可能性代表，看看妳的憂鬱和什麼有關。

● 排列呈現

（引入憂鬱代表、童年經歷代表、其他可能性代表）

趙中華：大家跟著感覺移動一下（見圖1-3）。

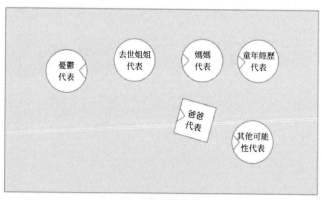

圖 1-3 各位代表排列呈現

趙中華：大家有什麼感覺？

憂鬱代表：我現在感覺全身發熱，相當無助。

趙中華：其他可能性代表走開了，憂鬱代表一直盯著妳去世的姊姊，說明妳的憂鬱與去世的姊姊有關，包括妳孩子

的憂鬱，都和這件事有關係，這個叫家族的動力。姊姊去世後，妳去祭奠過嗎？

案主代表：沒有，因為她的墓地已經找不到了。

趙中華：怎麼會找不到呢？

案主：她的後事是姊夫家的人辦的，我姊姊留下兩個孩子，等她的孩子大一些了，我想帶孩子們一起去祭奠姊姊，結果姊夫家的人說在一片樹林裡，已經找不到具體的位置了。

趙中華：妳姊姊是家族的一分子，不應該是這樣的結果，連葬在哪裡都不知道，被大家遺忘了。假設妳是姊姊，被殺了，卻沒有一個人知道葬在哪裡，妳會甘心嗎？

案主：肯定不甘心。

趙中華：若想去祭奠姊姊，妳總會有辦法的。妳姊姊可能為家族承擔了很多，任何一個家族裡面意外去世的人，其實都是為這個家族承擔了很多，為家族作出了巨大的犧牲。但整個家族卻將她遺忘了。有什麼話想對姊姊說？

案主：姊姊，兩個孩子我已經幫妳養大了，他們可以自立了，妳放心吧！

趙中華：（問去世的姊姊代表）妳有什麼感受？

去世姊姊代表：我感覺比較平靜，我覺得我已經看見妹妹了，希望妹妹過好自己的生活。

趙中華：（對案主說）我帶妳說幾句話。

**老師帶著案主一起說**

　　姊姊，妳永遠是我們家族的一分子，謝謝妳照顧我這麼多，妳為我們家族作出了巨大的貢獻，家族裡永遠有妳的位置，姊姊，我愛妳。姊姊，我想以妳的名義做一些事情，為了祭奠妳，我以妳的名義種一棵樹。

　　趙中華：說完這些話，妳有什麼感覺？

　　案主：身體有點發熱，有那種麻的感覺。

　　趙中華：妳還有什麼話對姊姊說？

　　案主：姊姊，非常抱歉，當年我還不太有擔當，我應該給予妳更多的幫助，我非常後悔當時沒有好好地去了解和關注妳的生活狀態，我覺得自己還可以做得更多，卻什麼都沒有做。最近這幾年，我覺得一定要幫妳，我幫妳帶大了孩子，但是妳已經永遠回不來了，我內心有一份很大的愧疚感。

**老師帶著案主一起說**

　　姊姊，我很愧疚，對不起，總有一天我們會相見，也許是 50 年之後。我們團聚的時候，我一定好好珍惜妳，姊姊，我愛妳。

　　趙中華：去世姊姊代表流淚了，為什麼？

　　去世姊姊代表：聽到妹妹說愛我時，我很感動，我感覺妹妹很孤獨。

趙中華：看來妳的憂鬱和姊姊去世有一定的關係，同時也和父母有一定的關係，我帶著妳和爸爸說一些話。

**老師帶著案主一起說**

爸爸，我想請你多關注我一點，我感覺在家裡面很孤獨，甚至覺得自己是多餘的。我不是兒子，所以我一直想證明自己比兒子更優秀、一直想得到你的認可，可你竟然連我讀幾年級都不知道，我考試考第一名你也不知道，我做的所有努力你都看不見，你只關注你自己，每次回家你只關注自己，從來沒有問過我好不好，你這樣忽視我，讓我很憤怒，我覺得你太自私了。

趙中華：爸爸代表想說什麼？

爸爸代表：我感覺女兒相當不容易，對不起，女兒，我錯了，沒有看到妳的努力。

案主：我一直都不認同你，我覺得你怎麼會是我的父親？為什麼我生在這樣的家庭？我非常不開心，我不知道該怎樣表現才能得到你們的愛，我該如何生活下去？無論是物質還是精神，我都得不到，我表現得很好，從小到大我的表現都很好，卻從來沒有得到你們的關注，現在你80歲了，每次我回家，你只是和我說你哪裡不舒服，希望我帶你去看病，想要我的照顧，卻從來沒有問過我過得好不好。

趙中華：妳不快樂的根源，是因為原生家庭對妳的關注太少

了，妳成績好卻沒有被看見，妳希望爸爸對妳說一句什麼話？

案主：妳是我的驕傲。

爸爸代表：妳是我的驕傲，妳是我的驕傲，妳是我的驕傲。

案主：爸爸，我想問你，你為什麼不愛我？為什麼不關注我？

爸爸代表：孩子太多了，我關注不過來。

案主：我也是你的孩子，我也需要愛。

趙中華：也許他是愛妳的，只是妳沒有感受到！

### 老師帶著案主一起說

爸爸，你是愛我的，只是我沒有感受到，謝謝爸爸，我愛你。

趙中華：你有什麼話想對媽媽說嗎？

案主：媽媽，謝謝妳，妳這麼多年太辛苦了，妳真的忍受了許多委屈，為了養育我們，妳很辛苦，現在我們都長大了，我有能力照顧好自己，希望妳也好好地照顧自己。

趙中華：妳小時候對媽媽有什麼願望？

案主：我希望她和爸爸能夠和睦美滿地生活。

趙中華：妳這是拯救者的心態，妳希望拯救媽媽，讓她生活幸福。現在我用催眠方式替妳療癒一下。

妳先關注一下自己的呼吸，關注自己的身體、自己的雙腳，感覺雙腳踏在地板上，閉上眼睛。我想告訴妳，妳不需

要活成別人想要的樣子，妳從小就聽話，聽爸爸的話，聽媽媽的話，考試第一名，妳做的這一切都是活成別人想要的樣子，想要快樂的妳去哪裡了？想要玩耍的妳去哪裡了？

那個妳一直躲在後面，今天終於被看到了，原來妳也愛玩耍，也想做自己。這麼多年辛苦了，今天妳終於找到了真實的自己。現在做一個代表放鬆自己的姿勢，保持這個姿勢，想像這個姿勢做完之後，在妳的身體裡面像一朵蓮花一樣開始綻放，妳可以不完美，可以當一個不完美的媽媽，可以當一個不完美的女人。

爸爸代表：女兒，妳可以不完美，就算不完美，我也愛妳，就算不完美，我也愛妳。

趙中華：藉助這個姿勢，想像自己現在來到了一片大森林，呼吸來自森林的氧氣，想像有一道陽光灑在身上，穿過妳的頭、妳的皮膚，進入身體的每一個地方，讓那個曾經憂鬱的氣息，像霧氣一樣向外散發，妳就像一隻小鳥一樣自由飛翔。妳可以做自己，完全可以做自己，可以做不完美的自己。妳可以做喜歡的事情，記住這個姿勢，它將成為妳生命中最重要的一個姿勢，每當想起這個姿勢，妳就會開啟自己，每當做到這個姿勢，妳就可以做自己，可以做不完美的自己。非常好，再做一個深呼吸，然後再把手放在胸口，對自己說：「親愛的自己，我愛妳，今天我終於不用這麼累

了，我可以做自己，我愛妳。」

只有妳快樂了，妳的女兒才會快樂，要先改變自己。妳現在感覺怎麼樣？

案主：感覺很好，我的確是比較壓抑，自我要求比較高，害怕自己表現得不好，包括結婚之後，我要求自己盡量當一個完美的賢妻良母。以後我不要求自己一定要幾點起床、幾點洗澡了。

趙中華：包括家裡也不用整理得特別整齊。今天出兩個作業給妳，第一個作業，去祭奠姊姊；第二個作業，每天找一個安靜的環境，配合輕柔的音樂，放鬆身體，對自己說四句話：「我看見妳了，我可以不完美，我接納妳，我愛妳！」堅持 63 天。

## 趙中華洞見

案主心地善良，很小就想拯救父母，她希望用自己優秀的表現贏得家庭的幸福，暗暗告誡自己：我要乖，我要聽話，我要拿第一名！正是這樣的暗示，讓她失去了自我，從小就失去了童年的快樂，那個想玩耍的、可愛的、調皮的自己沒有了。我發現案主是一個相當有氣質的女人，但她感受不到生活的快樂，讓我看到一個活得不真實、不快樂的她，這個她和童年的經歷有關。

案主的女兒得了憂鬱症，她的憂鬱不是一個因素導致

的，而是和案主的精神狀態有關，和家族其他的人有關，和家庭氛圍有關。要改變這種狀態，需要家庭每一個成員都能做到讓自己快樂起來，這是家庭每個成員的責任，就像我經常說的：快樂是自己的事，別人給不了。當媽媽快樂了，家庭的成員也許會受影響而變得快樂起來。我們祝福媽媽，祝福她的孩子，祝福她的家族。

## ■丈夫不可以代替父親

案主：女士，33歲，希望處理家庭關係。

趙中華：妳想做什麼主題？

案主：調節家庭的關係。我曾經做過三次流產，其中第二次已經懷孕四五個月了，因為婆家重男輕女，一定要我打掉這個孩子，我心中一直非常難過。

趙中華：妳現在想到這件事就有很大的愧疚感，是嗎？你們夫妻感情怎麼樣？

案主：夫妻感情不好，要不是因為孩子，我早就離婚了。

趙中華：這句話的背後就是兒子和女兒在為妳背黑鍋，意思就是媽媽都是為了你們，才不得不忍受不幸福的生活，這句話暴露出妳的小孩心態，妳感覺自己多大？

案主：我感覺自己30歲左右。

趙中華：一個30歲左右的人，會說自己的不幸是別人造

成的嗎？只有孩子才會說因為媽媽不買糖而不開心。妳覺得
目前婚姻最大的挑戰是什麼？

案主：是溝通有問題，一溝通就發火。

趙中華：舉個例子。

案主：假設我打電話給他，問他在家幹什麼？孩子怎麼
樣？他就開始發脾氣，說女兒好像是和男孩出去玩了，他十
分生氣，我說我們管不了就別管了，保持心情好一些，他就
說不要說了，然後就掛掉電話。

趙中華：妳覺得夫妻關係重要，還是親子關係重要？

案主：我現在覺得夫妻關係重要，我一直努力修復我們
之間的關係，很少發脾氣，但他總不給我好臉色，他覺得我
像個孩子一樣黏著他。

趙中華：妳小時候和父親的關係怎麼樣？

案主：我小時候和我爸的關係相當好，因為我爸對我很
好，我便總是黏著他。

趙中華：所以長大後，妳也希望老公黏著妳？

案主：對，我覺得為什麼我爸對我那麼有耐心，我老公
對我就沒耐心呢？

趙中華：原來妳是想讓老公當自己的爸爸。簡單說一下
妳的原生家庭。

案主：我的原生家庭算幸福的，雖然我父母也會吵架，
不過我爸會哄我媽，我媽性格比較急躁，喜歡抱怨，我爸就

十分寵我。

趙中華：妳是比較典型的小孩心態，沒長大。以後不要再和孩子說，因為孩子妳才沒有離婚，畢竟離婚是你們夫妻兩個人的事，不需要和別人商量。妳對老公的要求多嗎？

案主：不多。以前我老公在外面工作，我自己在家帶孩子。

趙中華：妳說這句話時為什麼有淚光？

案主：我覺得很委屈。

趙中華：委屈流淚就是沒長大的表現。我們先來處理一下流產孩子的事。

● 排列呈現

（引入三個流產的孩子代表）

趙中華：大家跟著感覺移動一下（見圖1-4）。

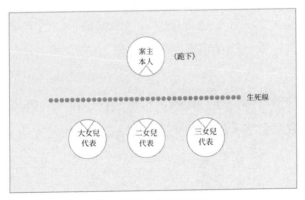

圖 1-4 各位代表排列呈現

趙中華：如果她們活著，會喊妳一聲媽媽，可是她們現在沒辦法看到這個世界。妳有什麼話對她們說嗎？

案主：媽媽沒能力保護妳們。

趙中華：聽到媽媽這樣說，妳們有什麼感受？

流產孩子代表：很難過。

**老師帶著流產孩子一起說**

媽媽，我想妳，我也想來這個世界看看，我也想親口叫妳一聲媽媽。

**老師帶著案主一起說**

孩子，我看到妳們了，妳們永遠是我們家庭的一分子，我很抱歉。媽媽也非常想妳們，我永遠不會忘記妳們，在我們這個家裡，永遠都有妳們的位置，謝謝！媽媽永遠把妳們放在心裡，永遠在心裡替妳們留一個位置，妳們永遠是我的孩子，有一天我們會相見的，也許是 80 年之後，也許是 100 年之後。

趙中華：妳要種三棵樹，為每個孩子做一件善事，替每個孩子取個名字，抱一下孩子們。下面看看妳的家庭。

● 排列呈現

（引入案主代表、老公代表）

趙中華：大家跟著感覺移動一下（見圖1-5）。

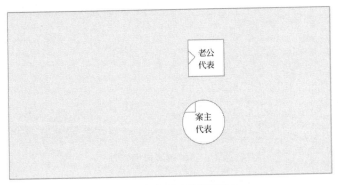

圖 1-5 各位代表排列呈現

趙中華：感覺妳確實黏著老公多一些。老公代表什麼感覺？

老公代表：有點緊張。

趙中華：案主代表什麼感覺？

案主代表：我想靠近他。

趙中華：妳爸爸對妳越好，妳對老公就越挑剔。

● 排列呈現

（引入大女兒代表、小女兒代表、兒子代表）

趙中華：大家跟著感覺移動一下（見圖1-6）。

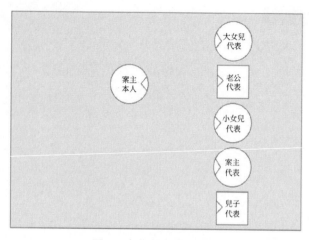

圖 1-6 各位代表排列呈現

趙中華：大家有什麼感覺？

大女兒代表：我想靠近媽媽，但她走了，我就不想動了。

小女兒：我想站在爸爸媽媽中間。

案主代表：我想離老公近一點。

老公代表：我很緊張，她對我有許多期待，讓我壓力頗大。

趙中華：妳還是很愛老公的，渴望他有力量能保護妳，帶給妳安全感。

**老師帶著老公代表一起說**

我是妳的老公，妳是我的老婆，我只能做妳的老公，沒辦法做妳的爸爸，我沒辦法去彌補妳的缺失，對不起！

### 老師帶著案主一起說

你是我的老公，我是你的老婆，你沒有資格當我的爸爸，我的需求去和我爸爸要，而不是和你要，對不起！我現在把對你的需求和渴望全都還給你。

趙中華：在婚姻裡最主要的問題，是改掉妳的小孩心態，承擔自己的責任。現在想像背上有一道光，是妳對爸爸的需求，全都飛到老公的背後，把不合理的要求都飛出去。現在感覺怎麼樣？

案主：輕鬆一些了。

趙中華：三個孩子過來，看著媽媽說。

### 老師帶著三個孩子一起說

媽媽，老公是妳選的，你們之間的事情，你們自己去解決，我們沒辦法救妳，對不起！

趙中華：向媽媽鞠躬。

三個孩子代表：媽媽辛苦了。

趙中華：你們在婚姻中不要總將孩子扯進來，婚姻的幸福祕訣就是多談你們之間的事，少聊孩子，多聊聊我們今天去哪裡看電影？我們今天想吃什麼？聊聊你們幸福的時光，同時可以的話，半個月約會一次，這樣才能有愛的流動。

案主：記住了，謝謝老師。

### 趙中華洞見

結婚是夫妻兩人當年做的決定，是否需要離婚，也由夫妻自行決定，與孩子無關。不少家長喜歡說，為了孩子我才不離婚的，這句話背後的含義，就是自己的不幸福讓孩子來背黑鍋。孩子是什麼感受？孩子能承受嗎？這句話反映出父母看不到自己需要成長的地方，同時也是一種小孩心態的表現。

小孩心態是指在原生家庭的成長過程中，由於父母的溺愛等其他原因，導致孩子沒有學會承擔責任。走進婚姻之後，渴望另一半完全照顧自己的感受，倘若不幸福都是配偶的錯。若是希望伴侶像父母一樣呵護自己，伴侶會感覺非常辛苦的。

## ■我為什麼複製了父母的負面情緒

案主：女士，43 歲，處理自己的負面情緒。

> 趙中華：妳想做什麼主題？
>
> 案主：情緒方面的主題。
>
> 趙中華：是哪方面的情緒需要提升？
>
> 案主：當孩子沒做到我期待的結果時，我就會發火。
>
> 趙中華：妳動手打過孩子嗎？
>
> 案主：打過幾次，不是很頻繁，但會經常罵孩子。
>
> 趙中華：孩子多大了？

案主：大的 18 歲，小的 10 歲。

趙中華：妳對老公也是經常發脾氣嗎？

案主：是的，對同事也會發脾氣。

趙中華：妳脾氣這麼大，那我們需要看看和什麼有關。妳父母的脾氣怎麼樣？

案主：我爸爸脾氣很大，經常罵我媽，有時也打我媽，不過他從來不打我們。

趙中華：妳父母還健在嗎？

案主：我父母都去世了，我爸爸 58 歲那年因為肺結核去世，我媽媽也是因病去世的。

趙中華：妳還有其他姊妹嗎？

案主：有三個姊姊，還有個妹妹，但病死了。

趙中華：妳小時候有親情中斷嗎？

案主：沒有。可是我一直有種壓抑感

趙中華：妳的壓抑感是指什麼？

案主：在生活中和人交往時，總有一種壓抑感。我老公四年前因車禍去世了，從此之後，我與異性交往時，就特別注意分寸感，生怕別人說閒話，總有一種恐懼心理。

趙中華：妳和老公是怎麼認識的？

案主：別人介紹的。

趙中華：妳才 43 歲。以後有什麼打算？

案主：今年有一個正在交往的男朋友。

趙中華：感覺怎麼樣？

案主：目前覺得還可以。

趙中華：我們排列一下看看。

## ● 排列呈現

（引入爸爸代表、媽媽代表、情緒代表、其他可能性代表）

趙中華：大家跟著感覺移動一下（見圖1-7）。

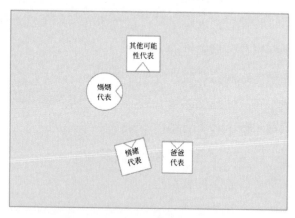

圖1-7 各位代表排列呈現

趙中華：情緒代表有什麼感覺？

情緒代表：我感覺全身發熱。

趙中華：爸爸代表有什麼感覺？

爸爸代表：我心裡面有點慌。

趙中華：媽媽代表有什麼感覺？

媽媽代表：我心裡有點悶，不想靠他們太近。

趙中華：透過這個排列看，情緒代表靠爸爸代表最近，說明妳的情緒和爸爸有關係，同時情緒代表又看向媽媽代表，說明妳的情緒和媽媽也有一定的關係，同時其他可能性代表離媽媽代表相當近，說明妳的情緒和媽媽家族有其他因素的關聯。媽媽家族裡發生過什麼事？

案主：我舅舅一共生了三個孩子，可是前面兩個兒子都死了，第一個是淹死的，第二個也是非正常死亡。

趙中華：那就請淹死的孩子代表，排列看一下。

● 排列呈現

（引入淹死的孩子代表）

趙中華：大家跟著感覺移動一下（見圖1-8）。

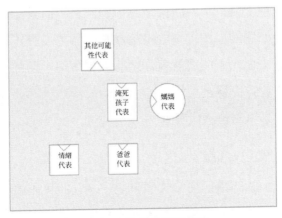

圖1-8 各位代表排列呈現

趙中華：妳有什麼感覺？

媽媽代表：他一上來，我就感覺全身發熱，之後又覺得發麻。

趙中華：從這個排列看，可能妳的情緒和這兩個孩子有關係，但這只是推斷，不能說一定有關係。

**老師帶著案主一起說**

我看到你們了，你們是我家族的一分子，我從來不記得你們，只是聽外婆講過一次，慢慢我就忘記了，是我對不起你們，謝謝你們對家族的貢獻。

趙中華：回家後，妳以他們的名義種兩棵銀杏樹。現在感覺怎麼樣？

案主：我感受到自己的心一下子就放開了。

趙中華：所以，不能只是為他們悲哀，而是要為他們做點事，比如種樹，這樣妳的情緒就會緩和，心胸才會放開。帶著真心去做，不能總讓負面情緒主導生活，這樣下去對自己的未來會有影響。

趙中華：對爸爸代表說。

**老師帶著案主一起說**

爸爸，我的這份情緒代表著愛，今天我發現這不是我的情緒，這是爸爸的情緒，我現在決定做回自己，把不屬於我

的情緒都還給你，爸爸我愛你！

趙中華：向爸爸鞠躬，想像這份情緒在妳胸口這個地方，想像有一道白色的光從身體裡飛出去，飛到爸爸身上。妳往後退一步，代表妳將這份情緒從心裡移出來，好些了嗎？

案主：好多了。

趙中華：妳再對著情緒代表說。

## 老師帶著案主一起說

你是我的情緒，是我生命的一部分，謝謝你這麼多年用這樣的方式提醒我，同時你代表著愛，現在我接納你，我要做情緒的主人，謝謝你，我是主人，你是情緒。

趙中華：有的人為了證明忠誠於家族，心中就有隱藏的忠誠，比如媽媽有膽結石，我也要有膽結石，如果沒有，就代表我不是這個家族的人，我背叛了家族。如果爸爸有這樣的情緒，我也一定要有，孩子追隨父母，孩子模仿父母，這個叫做盲目的愛，代表妳隱藏的忠誠，妳的情緒為什麼一直在這裡，這代表妳的忠誠，代表妳對父親的愛。許多人放不下情緒，就是放不下這份愛，因為那裡面有原愛，有隱藏的忠誠。妳和情緒代表擁抱一下，感覺怎麼樣？

案主：壓在心裡面的石頭，好像落下來了。

趙中華：我留個作業給妳，以後當妳想發火的時候，就

先接納它，找個枕頭抱抱，或者摔一摔枕頭都可以。記住，妳是主人，情緒不是主人，情緒是跟著妳的。別被情緒牽著跑，妳想要情緒出來就讓它出來，妳不想讓它出來，把門一關它就出不來。

案主：好的，謝謝老師。

## 趙中華洞見

關於情緒的主題，不同的心理流派有不同的解釋和處理方法。若是站在系統排列的角度看，我們很多情緒與複製有關，如果小時候媽媽對你經常指責、發脾氣，等你走進婚姻之後，也會經常對伴侶指責、發脾氣。這就意味著，這種情緒來自你的媽媽，你複製了媽媽的情緒……

所以我們處理的方法，是幫助案主交還這種情緒。當然這只是其中一種可能性……

# 第二章

個人系統：一切皆從認識自我開始

# 三大中心

　　什麼是「真我」與「假我」呢？比如你生活在臺南，你父母口味偏甜，你長大之後口味也會偏甜。如果你生活在印度，原生家庭發生了改變，父母也變了，請問你的口味還會偏甜嗎？也許你會喜歡吃咖哩，那吃甜的是你？還是吃咖哩的是你？你真的是你自己嗎？

　　所以我們都會受原生家庭的影響，倘若你的父母比較強勢，你想買一個玩具，父母不買給你，你會說：「求求你，買一個玩具給我吧！我這一個星期都會按時完成作業，還會非常聽話。」請問這個討好型的你是真正的你嗎？如果我們長期不能做自己，始終都被他人控制，後果是非常嚴重的。

　　畢竟當一個人沒有了自我，快樂從何而來？我們試著來唸一些名詞：快樂、開心、幸福、成功。然後我們唸的時候加一個字：我快樂、我開心、我幸福、我成功。請問前後有區別嗎？答案是前面這個人沒有我，後面這個人有我。

　　我經常問家長一個問題，怎樣做是愛孩子？家長回答：「我要給他最好的生活環境，給他最好的照顧，給他報最好的學校……」家長說得都很有道理，而我的觀點是，想要看

一個人愛不愛另一個人，最重要的是看他是否尊重對方，有了尊重才有愛，尊重就是給對方一些空間，我可以有自己的世界，你可以有你的世界，當然愛不是放縱，父母要學會建籬笆而不是建圍牆。那有人就會好奇地問：「什麼才是真我呢？」「真我」有三個中心。

## 1. 理性中心

理性中心包括邏輯、分析、判斷、推理、想像力、語言、文字等，這些能力幫助我們在生活中思考和判斷。例如叫車、購物、學習都需要用到這些能力，同時人類依靠這些能力讓科技不斷進步，讓我們的生活水準不斷提高。

可是科技進步和生活水準提升，讓我們的幸福感提升了嗎？根據統計數據來看，臺灣的離婚率位居亞洲第二，大家有沒有思考過一個問題，現在的物質條件比以前好很多，為什麼離婚率反而高了呢？

老公晚上回家時間比較晚，剛開門，老婆就不分青紅皂白地罵他：「你到哪裡去了？你心裡還有這個家嗎？我當年那麼相信你，嫁給你，你現在出去玩，這麼晚才回家，也不告訴我，我等了你幾個小時，你真是個不負責任的人……」

我想問大家，這位老婆罵這麼久，她真正想表達的是什麼？其實這位老婆內在是想說：老公我很在乎你，同時我很

孤獨。但是她沒有去體會內在的感受，也沒有表達出自己真正的感受。

為什麼我們不願意表達內在感受？第一是沒有連線到自己內心的感受；第二是害怕把自己的脆弱表現出來，而再次受傷。

我們為什麼不敢把自己的脆弱表現出來？因為那是我們心靈最柔軟、最脆弱的地方。我曾經說過對待最脆弱的部分，我們需要越痛苦、越溫柔。我們的煩惱和痛苦來源於「愛」，我失去了愛、沒有得到愛，我想要對方更愛我，同時我也想付出更多愛給對方。

## 2. 心靈中心

心靈中心是什麼呢？心靈中心包括感受、憤怒、委屈、悲傷、情緒、難受等。

我們大部分的時間，使用的都是理性中心，都是源自社會的一些壓力，比如房貸每月 25,000 元，而收入只有 32,000元，因此大部分的精力都用在賺錢上。所以物質是基礎，有了物質基礎才能談精神追求。但真正的幸福肯定不是由物質決定的，並不是賺了更多的錢、買了更大的房子就幸福了，那只是短暫的幸福，幸福與物質關係不是很大，更多的是來自內在的感受。

找我做心理療癒的案主，其中大部分家庭條件都非常不

錯，不過孩子會憂鬱、自殺，說明幸福和物質不是成正比的，孩子說得最多的是：我的父母不怎麼鼓勵我，我們的關係一般，愛而不親，動手打我，對我相當冷漠等。這些都是內在的自己，和自己的感受有關，這就是心靈中心。

一位爸爸白天工作不是特別順心，晚上十點回到家，一開門就看見孩子拿著手機在玩手遊，爸爸看到這一幕，本來不順心的基礎上又添一層憤怒，馬上一個箭步跑過去搶了孩子的手機，然後說：「你怎麼一天到晚玩遊戲，再這樣下去就完了，看我不打死你！」而孩子立刻站起來說：「把手機還我。」爸爸說：「不給，就算摔了也不給你。」兒子說：「你不給我，我就跳樓。」爸爸憤怒地說：「你跳啊！不跳你就是窩囊廢。」結果你猜怎麼樣？悲劇發生了，孩子跳樓死了。

我問家長，你們覺得這個爸爸愛孩子嗎？家長們集體回答：「愛。」我又問，要是這位爸爸在樓下，看見不認識的小朋友在玩手遊，他會這麼憤怒嗎？答案肯定是不會，為什麼？因為你對樓下陌生孩子的愛，和對自己家孩子的愛，愛的程度是不一樣的。我再問，這位爸爸這樣指責孩子，孩子能感受到他的愛嗎？家長們陷入了沉思，答案是不能，對嗎？所以家庭中不少問題的根源是什麼？是我們無法表達愛和無法連線愛。

　　若是這位爸爸在回家前去連線自己內在的憤怒，做個深呼吸舒緩一下，回到家看到孩子在玩手遊，溫柔地說：「孩子，我回來了，爸爸今天工作不是很順利，我很難過，想和你聊一下，我需要你的陪伴。」你覺得結果會怎麼樣？會不會和之前不一樣？為什麼我們說不出來？因為我們理性的大腦告訴我們，寧願流血也不能流淚，打死也不能說自己的感受，我這麼脆弱，死都不能說出來。

　　在沒有學習心理學之前，我和大家一樣，很難表達自己的脆弱與感受，無法和父母表達愛意；也不能和另一半說我很孤獨，我需要你，我愛你；不能告訴孩子爸爸媽媽也需要你，我也害怕孤獨，爸爸媽媽想抱抱你。這些都是我們內在最深層的渴望，而往往很多人是不容易表達出來的，這需要我們不斷學習、練習、再學習、再練習。

## 3. 身體中心

　　身體中心指的是我們的肌肉、皮膚、器官、神經系統、肩膀、腳趾、手指、腎臟等。

　　我們的身體出現的反應，其實和我們的理性中心、心靈中心是息息相關的。

　　圖 2-1 代表能量對我們身體的影響，如果一個人經常憤怒，他憤怒的能量都在胸部附近，而憂鬱的能量是藍色的，其胸口是黑色的，所以每一種情緒都是和身體息息相關的。

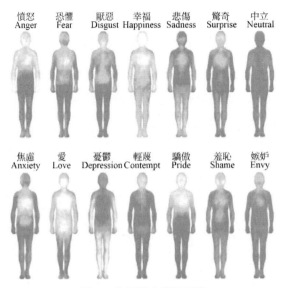

圖 2-1 能量對身體的影響

在學習催眠的時候，有一個理念對我的影響非常大，這個理念就是身體的凍結。你想像一位父親來諮詢時，雙手緊緊地握著，一臉嚴肅地問你：「老師我的孩子憂鬱了，該怎麼辦？」身為一名諮詢師，我能夠感受到這位父親的身體是凍結的。無論我們諮詢師怎麼說，他心中始終存在疑問：你說得有效果嗎？其實他孩子的憂鬱就和這位父親的身體凍結相關，但他本人是沒有察覺到這點的。那我們作為心理療癒師該怎麼做？最核心的一步就是幫助這位父親開啟自己，只有這樣才能療癒他的孩子，身體的凍結對我們來說是沒有創造力的。

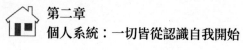

　　關於「真我」的建立，要有理性的自我中心，懂得拒絕，明確界限，連線感受，連線心靈中心，能夠表達自我的情感，能夠與他人產生情感的連線，表達愛，連線愛，同時能夠覺察自己的身體中心，讓身體流動起來，保持氣流的流動，連線身體的中正狀態。

# 信念

　　我們的思想是怎麼形成的？薩提爾（Virginia Satir）的冰山理論，提出一個人的「自我」就像一座海上冰山一樣，我們能看到的只是露出海面的一小部分，包括行為模式、語言模式、情緒模式。

　　行為模式包括開車、寫作業、抽菸、喝酒、做飯、洗澡、打人；

　　語言模式包括罵人、抱怨、表揚、鼓勵、討好、打岔、讚美；

　　情緒模式包括憤怒、委屈、悲傷、羞恥、開心、喜悅、興奮。

　　而正是隱藏在冰山下面的部分在影響著我們，那就是源自我們內在的觀點、想法和信念，真正影響我們的是內在的信念，表現出的現象是這三種應對模式。

　　比如，我認為老公就應該每天按時回家睡覺，這就是我的信念，所以要是老公回來晚了，我就會抱怨，而且我還堅定地認為，抱怨可以改變一個人，於是我就不斷地抱怨，不管有沒有用，我堅定地認為抱怨才能解決問題。因此我有兩個信念，

第一，老公必須按時回家；第二，抱怨可以改變老公。

　　再比如，我認為孩子只有聽話才有出息，所以孩子只要有任何不乖的行為，或者有一點點的調皮，我就不能接受，我就會生氣，生氣源自我內在有一個信念，即乖才有出息，調皮就是壞孩子。而這一信念裡面最可怕的，是限制性的想法和信念。

　　心理學家做過一個實驗，抓來一隻跳蚤放到一個玻璃杯裡面，跳蚤能夠輕鬆地跳出去，然後心理學家在玻璃杯上面蓋上一個透明的玻璃蓋，跳蚤連續跳了許多天都跳不出去，後來心理學家拿掉玻璃蓋，跳蚤卻也再也沒有跳出玻璃杯了。原本跳蚤是可以輕易跳出去的，可是經歷了大量的失敗經驗，產生了一個信念：我是跳不出去的。這就是限制性的信念，而我們每個人都有很多這樣的限制性信念。

　　因此當我們給了孩子太多的否定，不讓孩子去嘗試，總是打著愛的名義不讓孩子去經歷一些挑戰，那麼孩子也會像這隻跳蚤一樣，認為自己做不到而產生限制性的信念。

　　我們每個人都有成千上萬的信念，那就是我們的內在地圖，我認為孩子是什麼樣的人？我認為伴侶是什麼樣的人？我認為自己是什麼樣的人？我怎麼看待自己？這些都是我們的內在地圖。有不少人被信念所束縛，而真正成功的人，他知道信念是為我服務的，我比信念大，破除「我執」最有效的，就是「靈活」。

　　信念有非理性的信念，和理性的信念，什麼是非理性的信念呢？我只要做到 A，我就一定能夠得到 B，這是非常不理性的信念，就像一位女士的信念是：我只要做好家務事，老公就一定會愛我；或者孩子只要好好讀書，就一定會有出息；我只要努力工作，就一定能成功，類似這種。我不是說這樣的信念有問題，是代表這樣的信念，沒有了更多的可能性，這就是我執，沒有達到這樣的信念，痛苦就開始了⋯⋯

　　而所謂的靈活指的是我做 A，但是有可能得到的是 B，也有可能是 C，也有可能是 D，帶著這份好奇，那不是十分有趣嗎？我常說在因上努力，在果上隨緣，就是這個道理。

　　甚至有的人可以為了自己的信念去死，寧願死都不願意放棄自己的一個信念，比如我堅定地認為人生就是要吃好，吃比什麼都重要，所以胡吃海喝、酗酒、抽菸⋯⋯最後患上了癌症失去了生命。

　　其實人生的意義還有很多，遠遠不止只是為了吃喝而已，就像有一個人問一位大師，說大師你不抽菸、不喝酒，那你的人生多沒趣啊？大師反問他，你的人生只剩下抽菸、喝酒，那你的人生又有什麼意思呢？

　　所以信念是為了我們的幸福服務的，並非是固有地堅持一個信念而不改變，透過心理療癒我們會發現，信念的背後還有一個深深的渴望，等待我們的聆聽與看見。

# 身分定位

哲學的三個問題：我是誰？我從哪裡來？我要到哪裡去？其中的第一個問題「我是誰」，就是身分定位。

剛出生時我是嬰兒，8 歲時變成兒童，上國中我變成青少年，結婚時我變成丈夫，有了孩子我變成父親，有了孫子我變成爺爺。在家庭裡，每個人的身分一直在改變。

關於身分，我用 NLP 六個層次來解讀，會更清晰一點（詳見圖 2-2）。

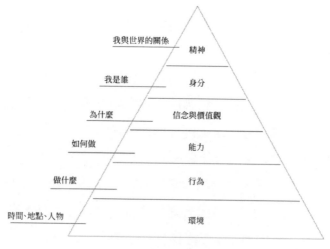

圖 2-2 NLP 六個層次

1. 環境。例如我出生在臺北，我在河邊，我在草原，我在家裡，我在會議室。

2. 行為。例如我在讀書，我在打字，我在唱歌，我在做飯。

3. 能力。我會開車，我會彈鋼琴，我會演講，我會銷售，我會洗衣服，我會管理。

4. 信念與價值觀。關於信念前面談過一部分，那信念與想法有什麼不同呢？信念是會去捍衛的，而想法是觀點，價值觀是最在乎什麼。比如我今天有兩個選擇，去打麻將或者去學習，如果我認為學習沒什麼用，我去打麻將也許能贏錢。這就代表我有一個信念是學習沒有用，而我的價值觀是打麻將比學習更重要。

5. 身分。上面已經舉例我在一個家庭當中身分的改變，同時我在社會上也會有很多身分，去演講時我是講師，面對警察時我是公民，在商店裡我是顧客。所以我的身分在不同的環境裡，都在發生改變。

6. 系統。系統指的是整個全域性，包括個人、世界、生命、環境、家族、宇宙。像是這次新冠疫情我們都受到了影響，這就是系統的力量。

而人的煩惱來自身分的混淆。比如我在公司是總經理，我需要做一個好的管理者，會比較嚴肅認真；當我回到家，

8歲的兒子說：「爸爸，我們一起玩一下遊戲吧！」我馬上拉下臉說：「趕快去念書，又不乖了。」你有沒有發現父親的身分和總經理的身分混淆了，所以父子關係就出現了不和諧。作為父親應該是慈愛的，比如有一次我和兒子來到河邊，兒子說：「爸爸，你能不能陪我玩？」我說：「好啊，玩什麼？」兒子說：「我想在草地上打滾。」我說：「太棒了！看我們誰先滾下去。」在那一刻，我們兩個都開心得大笑起來。

人生其實就是不同身分的一場「表演」。我不忙時就會去接孩子放學，我會看到許多爸爸媽媽都在學校門口等待孩子放學，你接到孩子後的第一個問題是什麼？假使你說：「你作業做了嗎？在學校上課認真嗎？考試考得怎麼樣？」此時你是什麼身分？是不是像補習班的老師？時間久了，孩子就會越來越不喜歡和你說話，甚至變得沉默了。

關注心情是愛，關注表現是控制。不少家長會諮詢如何解決孩子的問題，我問他們和孩子的關係目前怎麼樣？回答基本都是普通，甚至是惡劣。要解決這個問題，首先從回歸身分開始，譬如還是接到放學的孩子，爸爸媽媽第一句話問：「你今天過得怎麼樣？開心嗎？」相比較前面問的學習問題，你覺得孩子喜歡哪一種提問？記住你的身分是父母，不是老師，孩子需要的是父母的關心和愛。

每一種身分背後都有一套信念和價值觀，而身分是汽車的方向盤，信念是發動機，油是價值觀。人生最怕的是在錯誤的道路上努力前行。

有一位太太來找我諮詢兩性關係，她說，結婚 15 年，婚後夫妻感情越來越冷淡，最近還發現老公有小三，她非常痛苦，便來尋求我的幫助。

我一看這位太太，就能感受到她在家庭裡付出了許多，她很好奇我怎麼知道她為家庭付出許多，我說從妳的打扮就能看出來，妳衣著樸素，說明妳把太多注意力都放在了孩子和家事上，從而忽略了自己。我說完，她眼淚一下就流出來了，她說：「是啊，我全心全意為了孩子，為了家庭，洗衣、做飯、打掃。」等她情緒稍微平復後，我說：「我想問妳一個問題，妳做了多少老婆該做的事情？」她說：「我前面說的，難道不是老婆該做的事情嗎？」我說：「那些事情是老婆該做的，但那些事情保母也能做，我想請問妳，妳做了哪些保母不能做，只能老婆做的事？」這位太太一時答不上來。

她老公是不對，可是如果諮詢師和案主一起抱怨，說她的老公不是個好東西，這樣的話確實會讓案主心裡舒服一點，卻也會讓案主掉入一個受害者的身分，時間久了，案主的抱怨越來越嚴重，她本人無法有效地成長，所以身為心理

療癒師最重要的一個核心，就是協助案主走好未來的人生路，透過這個事情我們可以學到什麼？成長什麼？就猶如案主來找我們，被雨淋溼了，我們不僅要協助案主擦乾雨水，更重要的是，讓她擁有一把屬於自己的雨傘，具備為自己遮風擋雨的能力。

# 二元對立

## 1. 穿越對錯，看效果與意義

在個人成長過程中，我們常常容易活在二元的世界裡面，二元世界就是非黑即白，糾結對錯。很多夫妻為什麼會吵架？因為他們有一個信念，就是自己是對的，對方是錯的，那麼雙方都認為自己是對的，結果離婚了，這時對錯還有意義嗎？

有對夫妻來諮詢親子教育問題，媽媽覺得自己是對的，爸爸覺得自己是對的，可是孩子離家出走了，所以我們的目標是效果而不是對錯。我需要怎麼樣才能達到我要的效果而不是對錯？你用打罵告訴孩子對錯，可是孩子不接受，若你帶孩子去看電影或者玩一下也許更有用，這就是效果。

孩子不願意出門，你抱怨了很久，可是孩子就是不願意出門，有一天你說我想學游泳，孩子你能教我怎麼游泳嗎？結果孩子很願意教你，這就是效果。夫妻關係也是如此，妳將家裡收拾得乾乾淨淨，可是老公就是不願意回家，但妳把自己打扮得漂漂亮亮的，老公開始多關注妳了，這就是效果。有效即堅持，無效即改變。

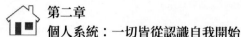
## 2. 轉煩惱為菩提

事物往往都有兩面性，當我們能夠從事件當中看到事情的兩面性，就等於你看到了事情的完整性。譬如你今天被偷走 500 元，若你只能看到這件事不好的一面，那將是痛苦的深淵；若我們思考自己從這件事能夠學習到什麼？這件事對我來說，有什麼正面的意義？它提醒我以後要保管好自己的金錢，提醒我走路的時候多留意周邊情況等。你會發現事情沒有改變，可是事情的意義改變了，你從中學會了辯證地看待問題。人生的痛苦和煩惱，都在你的一念之間。

有人問我和伴侶會吵架嗎？我說，當然了，特別是沒有接觸心理學之前吵得更多，學了心理學之後少了很多，但還是會有衝突。那我最大的改變是什麼？我會等吵架平息之後，思考這件事情可以帶來什麼樣的正面意義？同時激發了我內在哪種需要被療癒的部分？我可以將療癒帶給它。當我們這樣去經營婚姻、經營孩子的時候，你會發現自己不斷覺悟，最要感謝的就是自己的伴侶和孩子，因為他們無時無刻不在幫助自己成長，只是幫助的方式比較特別而已，我們真正的成長一定和痛苦相連。

當我們能穿越二元世界，就能講求效果而不執著。這麼多年，我們已經習慣分清對錯，追求效果對於我們來說是相當大的挑戰，那作為心理療癒師需要修練的，是要看到來訪

者的兩面性，就像 17 歲的艾瑞克森（Milton Hyland Erick-son）被診斷為小兒麻痺，甚至醫生說他的下輩子都只能在輪椅上度過，艾瑞克森沒有選擇相信，他透過自身的疾病發現了催眠的世界，這就是事物的兩面性。

# 價值感

關於「自我」，我還想談談馬斯洛（Abraham Harold Maslow）的需求層次理論，見圖 2-3。

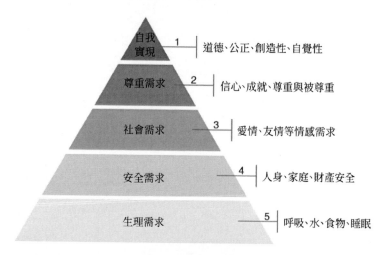

圖 2-3 馬斯洛需求層次

根據馬斯洛理論，我們最基本的需求是第五層的生理需求，食物、睡眠、水、呼吸，這些是能讓我們活下來最基本的需求，所以生理需求是我們第一位的需求。

第四層需求是安全需求，假設你在電影院看電影，突然聽到旁邊有人大喊：「起火了、起火了！」請問你還會繼續

看電影嗎？你肯定會離開這間電影院，對嗎？我們選擇旅遊目的地會考慮哪些因素？除了風景好之外，一定是安全，要是現在讓你去一個不安全，但風景絕佳的國家旅遊，相信你也不會去，安全的需求是非常重要的。

第三層需求是社會需求，指的是我們需要連結愛情、親情、友情、師生情等，這些無一不是展現了我們需要和人產生連結，人是需要連結的，畢竟人害怕孤獨。

有很多親子問題，比如憂鬱、自閉都和缺少連結力有關，孩子不能很好地與人產生互動，也不太會處理人際關係，甚至在學校裡也沒有什麼朋友，導致最終憂鬱了，這一結果和父母的教育有一定的關係，過度的保護、過度的溺愛，都是背後的原因之一。

第二層需求是尊重的需求，隨著年齡增長，被尊重的需求顯得特別重要。尊重的對立面是什麼？是控制，比如你必須按我的要求來做事，我只給你一個選擇，我都是為了你好，吃什麼、什麼時候睡覺、剪什麼髮型、穿什麼衣服都是我來作主，這些都是打著愛的名義控制你，最後你們的關係一定是惡劣的。

什麼是尊重？例如我只給你建議，尊重你的選擇，我最少給你三個選擇，這種相處是互相尊重，我知道你是你，我是我，你不屬於我，我也不屬於你，我們給了彼此空間。

　　第一層需求是自我實現，也是我這一節最想談的，就是人的價值感。當我們解決了溫飽，父母給自己的愛也夠多時，為什麼有些孩子還會自殘、自殺呢？為什麼伴侶之間為家庭付出了許多，可就是不開心，而且還是玻璃心，非常容易受對方的影響，一件小事都會讓自己整天不快樂，這是什麼原因呢？

　　這都和自我價值有關，什麼是價值感？它也叫自我實現。孩子問爸爸：「今天可以買零食吃嗎？」爸爸說：「可以。」請問爸爸和孩子誰有價值感？爸爸有價值感。當一個人在家庭系統中一直是受益者，爸爸媽媽替他買衣服，照顧他，給他食物、住宿等，他就是家庭系統中的弱勢者，處於下位，父母在上位，時間久了，他的自我價值是非常低的，如果父母只認同他的成績，而他的成績又達不到父母的期待，他的自我價值感就會更低。

　　因此在家庭教育中要提升孩子的價值感，要讓孩子為家庭做一些力所能及的事情，讓他覺得自己是家庭的一分子，這個家需要他，同時也需要他的幫助，爸爸媽媽也不是超人，也不是什麼都懂，什麼都會，有些地方會需要他的幫助。

　　媽媽在廚房做飯，孩子過來說：「媽媽我想幫妳。」媽媽說：「不需要，你去寫作業就可以了。」有一天媽媽回家，

手上提了一些菜，孩子說：「媽媽我來幫妳。」媽媽說：「不需要，別把手弄髒了。」請問這樣一次次地拒絕孩子，孩子的感受是什麼？孩子會感到自己在家裡沒有價值。

我在夏令營授課時，有些孩子說：「趙老師我就是一個廢物，什麼都不會，你就不要管我了，讓我自生自滅吧！」這些話讓我感受到，孩子在他的原生家庭裡自我價值感非常低，父母不允許孩子犯錯，也不允許孩子來幫助自己，父母一直在上位，而孩子永遠都在下位。所以價值感是我們非常重要的需求，我們一定要深度去研究與實踐。

# 個人三種痛苦心態

同樣的一件事，100 個人就有 100 種看法，每個人的內心感受和想法都是不同的。那所謂的三種痛苦心態，具體是哪三種呢？

## 1. 託付心態

託付心態就是把自己的幸福託付給別人，而不是自己掌握自己的幸福。假如幸福是一間房，我們每個人都渴望進入這個房間，擁有幸福的人生，進入這個房間需要一張房卡，你想像一個畫面，這張房卡只放在老公身上，那是一個什麼樣的結果？當妳想進入房間擁有幸福時，妳會說：「老公，請你開門。」換到現實生活中，那就是老公給妳錢，妳就快樂，買東西妳，妳就快樂；老公不誇你了，不買東西給妳了，妳就痛苦。妳的幸福沒有掌握在自己手上，而是掌握在老公手上，結果是妳在婚姻中是不可能擁有真正的幸福的。

倘若把這張代表幸福的房卡，只放在孩子的身上呢？孩子聽話你就幸福快樂，孩子考高分你就快樂，孩子不聽話，成績沒有達到你的預期，你就非常痛苦，你的幸福快樂就像

氣球一樣一戳就破。唯一的解決之道是什麼？就是這張代表幸福的卡，只能拿在自己的手上。你才能隨時擁有幸福，想進去就進去，想出來就出來，不會受制於人。所以擁有託付心態的人，是沒辦法真正擁有幸福人生的。

## 2. 受害者心態

受害者心態指的是，這件事不是我的責任，都是別人的錯，我是受害者。這種心態不能用對錯來看待，如果站在對錯的角度看待事情，確實你可以說都是別人的錯，可是你卻沒有從這件事中得到成長。

我做過大量的婚姻個案輔導，有一些來訪者在談論婚姻時，都會說自己是如何為這個家庭付出的，而自己的伴侶是如何傷害自己的。當一個人把自己放在一個受害者的位置，就代表自己處於低位，對方處於高位，從而產生大量的委屈和憤怒情緒，這個時候想要引導來訪者走出來，其實是很難的，因為受害者有一個核心信念就是：這一切都是對方的錯。

當一個人認為「一切都是對方的錯」時，站在修行的角度來理解就是外求，當一件事外求的時候，就代表需要改變的是外在，而自己是不需要改變的，但總有一天他會明白，外在是不受自己操控的，而且外面沒有別人，只有自己，當自己改變了，外在就改變了，就像王陽明說的「心外無物」。

那為什麼會出現這樣的受害者心態呢？這和小時候的成長經歷有關。比如你小時候在外面玩不小心摔倒了，家中長輩就拿起一根棍子去打地面，一邊打一邊說：「都是你們的錯，害我的孩子摔倒了，看我打死你。」孩子就從長輩這樣的反應中，建立了一個信念：我的痛苦都是你們造成的，一切的錯都是你們的錯。這樣的信念會跟隨一個人很長的時間，除非後天透過學習與成長來改變，不然本人是不容易察覺的。

### 3. 小孩心態

　　小孩心態就是儘管我們已經成年，心理上卻還沒有成熟，不能用成人的心態處理身邊的事。像是當我走進婚姻，卻還希望伴侶像媽媽一樣理解我、包容我、滿足我，等於我把對媽媽的渴望，投射到伴侶身上了，希望我的伴侶變成媽媽，我變成她的兒子。如果妳在婚姻當中，希望老公無條件疼妳、照顧妳、理解妳、包容妳，妳的需求都需要老公來滿足，那就是妳把對爸爸的需求投射到老公身上，他變成父親，妳變成女兒。而這種身分錯位的愛，就是我們的小孩心態導致的。

　　在我做的心理療癒個案中，案主或多或少都會曾經有這種心態，小孩心態本身不是問題，當我們面對父母的時候，我們自然就會出現童年的渴望與需求。比如我出去授課，我

媽媽總是會說：「兒子在外要注意安全，多照顧自己。」授課回家時，我媽媽也會說：「兒子想吃什麼？媽媽做給你吃。」這一刻我就幸福得像孩子一樣。

什麼是成人心態？就是我為自己的選擇負責任，我的需求自己滿足，我的渴望自己負責。婚姻是你選擇的，伴侶是你選擇的，你的人生都是你選擇的，那就為自己的選擇負責。例如用爬山比喻婚姻，我們一起爬山，我們彼此照顧好自己，一路一起欣賞旅途的風景，需要我幫助的時候，我願意拉你一把，不過拉完之後，還是需要你自己爬山，我們彼此照顧，彼此欣賞，彼此陪伴，一路到達山頂，成就彼此，而不是你趴在我身上，讓我揹著你上山，那樣我們都到不了山頂，也許沒幾分鐘就受不了了，因為做對方的父母不是我們結婚的目的，所以照顧好自己也是愛對方的表現，愛自己才能愛別人。

# 冥想療癒

　　我帶大家做一個連結三個中心的冥想練習。首先找到一個安靜舒適的環境，盡量站起來，這樣練習時能夠更好地流動與開啟。

　　當你站起來之後……可以慢慢地閉上眼睛……關注自己的呼吸……慢慢地吸一口氣……再慢慢地吐出來……每一次呼吸都感覺到自己越來越放鬆……同時每一次吐氣都感覺到把壓力和緊張吐了出來……再來一次……慢慢地吸氣……慢慢地吐氣……現在我們把注意力放在自己的肩膀上……放鬆肩膀……想像我們的肩膀就像冰塊一樣融化……我們的雙手自然地垂下……放鬆……用一個呼吸帶入我們的身體裡面……

　　從你的頭頂開始放鬆……放鬆你的頭皮……放鬆臉部的肌肉……你可以給自己一個帶著幸福的微笑……提起臉頰的肌肉……露出佛陀般的笑容……放鬆肩膀……放鬆手臂……放鬆腰部……胯部……大腿……小腿……腳底……同時想像你的腳底扎根大地……把自己想像成為一棵大樹……深深地扎根大地……腳底是樹根……往下延伸……

身體是樹幹……雙手是樹枝……接下來張開雙手……連結天地……把一個呼吸帶到你的腳底……吸氣……想像從大地裡面有一股氣流來到你的腳底……吸氣帶到你的小腿……大腿……胯部……肩膀……再到你的手臂……再充滿全身……感覺到整個氣息在身體裡面流動……感覺到完全的放鬆……並且自然地發出一個聲音……哇……哇……哇……

接下來感受這份氣流的流動……輕輕地動動我們的身體……想像身體流動起來……身體任何緊繃的地方都可以放鬆下來……當你再次吸氣的時候……你都比之前更加地專注與放鬆……當你再次吐氣的時候……身體更加地輕鬆與自在……然後輕輕地把手放在胸口……去感受你的內在……無論來了什麼我們都歡迎……去連結……去感受……就像撫摸一隻小狗一樣去撫摸自己的內在……並且對內在說……我看見你了……我感受到你了……我愛你……謝謝你……然後抱抱你自己……停留一下……去感受一下自己身體內在的感受……然後再慢慢地睜開眼睛……回到現在。

# 真實療癒個案

## ■ 童年的未了事件會影響一生

案主：女士，34 歲，處理與弟弟的關係。

趙中華：妳想做什麼主題？

案主：小時候我弟弟帶給我一些創傷，在我七八歲的時候，弟弟用刀砍過我的頭。

趙中華：什麼原因？

案主：就是我們一起玩，用竹子做玩具，我看他用刀削竹子，覺得他太小了，就想幫他，他說不要我幫，然後就用刀子砍在我頭上，現在我頭上還有一道疤。

趙中華：後面是怎麼處理的呢？

案主：我媽帶我去診所，醫生縫了幾針。其實我弟弟對我的影響不只是這件事，他多次拿刀架在我脖子上，我每次批評他時，他就直接拿刀在我脖子上說：「妳再說，我就砍妳的頭。」

趙中華：妳弟弟為什麼會這樣對妳呢？

案主：我覺得和父母比較溺愛他有關。我爸媽重男輕

女，所以我弟弟出生後，他們就非常溺愛他，造成我弟弟長大後，爸媽都管不了他。我記得有一次，他跟我爸爸發生衝突時，他直接給我爸爸一個耳光，我弟弟就是家裡的小霸王，因此每當我批評他時，他就敢直接用刀架在我脖子上。

趙中華：妳父母關係怎麼樣？

案主：我父母關係普通吧！

趙中華：妳媽媽是什麼樣的人？

案主：媽媽屬於指責嘮叨型，其實她挺有愛的，也很善良。

趙中華：妳和爸爸的關係怎麼樣？

案主：我和爸爸的關係比較疏離，對爸爸沒有太多美好的回憶，也沒有不好的回憶。我和媽媽關係比較親密，但我又有點不喜歡媽媽，甚至有一點討厭媽媽，媽媽太嘮叨，同時她心胸比較狹隘。

趙中華：姊姊跟爸爸的關係怎麼樣？

案主：我覺得爸爸和我們在一起的時間挺少的，基本上是媽媽管我們管得多一些，所以我們和爸爸的關係都很普通。

趙中華：爸爸是個什麼樣的人？

案主：我爸爸是一個老實人，勤勞善良，還有一點懦弱，比如我媽媽和爺爺奶奶發生衝突的時候，我爸爸一般不說話，也不會站出來說話。

趙中華：妳爸爸經常外出工作嗎？

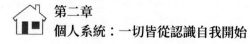
案主：沒有，他一直在家務農。

趙中華：那為什麼會和你們關係疏離呢？

案主：他早上出去忙農活，晚上才回來，家裡的事都是媽媽管。我印象裡只記得有一次爸爸帶我們去釣螃蟹，只有這次經歷才讓我感受到爸爸對我們的愛。

趙中華：妳老公也比較老實吧？

案主：對，當年我就是看上他的老實憨厚。

趙中華：妳結婚幾年了？

案主：結婚 9 年了。

趙中華：和老公關係怎麼樣？

案主：不太好。

趙中華：妳有幾個孩子？

案主：一個女兒。

趙中華：小時候還發生過什麼讓妳印象深刻的事嗎？

案主：小時候爸爸打過我一次，大概在我七八歲的時候，我和姊姊、弟弟一起玩，然後吵起來了，我罵了一句髒話，我爸衝過來從我後面甩了一巴掌，當時我鼻子出血了。從那之後，有四五年的時間，我鼻子經常會不自覺地出血，有時低著頭吃飯，血就會流出來。

趙中華：妳今天的目標，就是處理弟弟帶給妳的心理創傷嗎？

## ● 排列呈現

（弟弟拿刀架在案主脖子上，其他家人不聞不問）

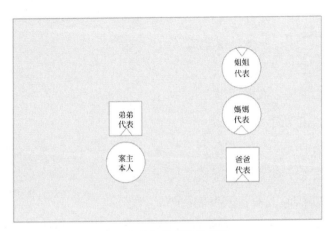

圖 2-5 各位代表排列呈現

趙中華：妳看到這個排列有什麼感覺？

案主：很委屈，也很憤怒。弟弟的行為，帶給我強大的壓迫感，我心裡生氣，又不敢出聲，眼淚一直在流，感覺相當無助，我父母都在旁邊，但都不管，眼睜睜看著弟弟拿刀架在我脖子上，難道我不是他們的女兒嗎？難道兒子就這麼重要嗎？萬一他真的把我殺死了，他們不會心疼嗎？

趙中華：妳將心裡的委屈都說出來。

案主：你是一個男孩就可以了不起嗎？你就可以在家裡好吃懶做？我和姊姊每天都忙裡忙外，你為什麼可以天天睡懶覺？說你兩句又怎樣？

你還用刀架在我脖子上，你就是小霸王，為什麼同樣是人，你在家裡就可以什麼都不做，我和姊姊就要做這麼多事情？

趙中華：這是什麼感受？

案主：很難受。

趙中華：有委屈嗎？

案主：有。

趙中華：有憤怒嗎？

案主：有。

趙中華：有什麼期待呢？

案主：我其實滿希望爸爸來管這件事，能夠看見我總是被弟弟欺負，可是他們都不來幫我。

趙中華：這個就是未了結事件，妳的童年裡面有一些未了結事件，長大之後會投射在婚姻和親子關係裡面。現在妳有什麼話想跟弟弟說？

案主：弟弟，你小時候真的太討厭了，總是欺負我，你不知道那時候我也很害怕嗎？你拿刀子架在我脖子上的時候，我真怕你一刀砍下去，我的命就沒了，因為之前我就被你砍過一次，所以我很怕你，你只要稍微用一下力，可能我的命就沒了，你為什麼這樣對我？

趙中華：我們今天要除掉妳心中的這個恐懼和憤怒，將

未了結的事件了結，妳已經長大，有能力消除掉這件事了。現在妳閉上眼睛，想像一下弟弟當時是如何把刀架在妳脖子上的，妳可以把這麼多年的憤怒發洩出來，可以大聲喊：「我討厭你！」然後把弟弟推到幕布後面去，讓他遠離妳的世界。

案主：（一邊推弟弟代表，一邊大聲喊）我討厭你，你走開，為什麼要欺負我？為什麼用刀威脅我？你是男孩就了不起嗎？就可以欺負我嗎？你走開。

趙中華：妳推掉他，不是推掉了弟弟，而是把這件事推掉了。

### 老師帶著弟弟代表一起說

姊姊，對不起，因為我從小被爸媽慣壞了，所以我很任性，真的對不起，我不該欺負妳，妳是我的姊姊，妳是大的，我是小的，我應該尊敬妳，對不起！

趙中華：聽到弟弟這樣說，妳是不是感覺好多了？

案主：感覺好一些。

趙中華：其實弟弟的事情和父母有關，若是父母當時能夠出來說句公道話，妳就不會這麼委屈。

爸爸代表：我們只是覺得他們是在打鬧，沒想到這麼嚴重，現在覺得很內疚、很後悔。

趙中華：剛才妳說過，對父親的美好回憶只有一次釣螃

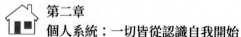
蟹，這就意味著妳缺乏父愛，導致長大後不知道如何處理與
異性的關係。

案主：是的，我現在能回憶起不少和媽媽生活的細節，
但和爸爸生活的細節很少，除了釣螃蟹，還有一個就是爸爸
送我去讀高中，在幾千人的名單中一眼就找到我的名字，我
印象也比較深。

趙中華：妳小時候有親情中斷嗎？

案主：沒有，一直在父母身邊。

趙中華：我覺得需要處理一下妳與爸爸的關係，妳想像
自己回到童年，慢慢地往前跑，一邊跑，一邊和我一起說。

**老師帶著案主一起說**

爸爸，我需要你，媽媽，我也需要妳，我是你們的女
兒，我希望你們能看見我，我也需要愛，我也需要關注，我
也需要被滋養，你們在哪裡？我需要你們的照顧，你們在哪
裡？爸爸你在哪裡？我需要你，我需要你的愛，需要你看到
我，我要你保護我，我還那麼小，需要你們的保護，爸爸，
抱抱我，我們終於回家了。

趙中華：其實最大的創傷，是來自於爸爸沒有及時保護
妳，孩子在很小的時候無法保護自己，需要父母的保護，在
這方面妳是缺乏的，以至於長大後相當敏感，一旦觸碰到妳
的創傷，就會難受。今天終於有人保護妳了，妳終於不再流

浪，終於有人愛，終於回家了，這麼多年沒有看見妳，今天終於看見妳了，並且終於有人保護妳了，好不好？

案主：很好，我感到身體在發熱。

趙中華：非常好，我再帶妳父母代表說幾句話

**老師帶著爸爸和媽媽代表一起說**

爸爸在，媽媽也在，我們忽視妳了，對不起，妳也是我們的好女兒，爸爸媽媽愛妳！

趙中華：想像妳的身體就像海綿一樣，躺在媽媽的懷抱裡，躺在爸爸的懷抱裡，感受他們的愛，感覺自己像一個嬰兒一樣，去感受父母的溫暖，感覺自己不再孤單，不再寂寞，讓恐懼和憤怒從此遠離，像熱氣一樣升騰而去。好，妳睜開眼睛吧！感覺怎麼樣？

案主：我最大的一個收穫，就是之前都沒有意識到，自己其實是需要父母的保護，我以前只想到是弟弟傷害了我，我很討厭弟弟，今天才明白，我最渴望的是被保護，被爸爸媽媽保護，被爸爸媽媽看見。今天第二個收穫，就是剛剛在推弟弟的時候，我覺得這件事情從心裡推出去了，以前講到弟弟這個創傷時，胸口就很悶很難受，但是剛剛推他之後，我覺得這個事情被推出去了，胸口現在沒那麼悶了，心裡輕鬆許多。

趙中華：我出兩個作業給妳，第一個作業是每天寫一件

肯定自己的事情，每天要找出自己的一個優點，堅持 21 天；
第二個作業是每天對過去的自己說，我看見妳了，我感受到
妳了，我接納妳，我愛妳。

## 趙中華洞見

　　案主的目標是想處理和弟弟的關係，由於弟弟拿刀架在
姊姊的脖子上，造成了後者心理的創傷，其中包括：

　　1. 恐懼感。案主在童年經歷了無法承受的痛苦，這種記
憶遺留在身體裡面，以至於在結婚之後，她對老公也會有恐
懼感，因此當案主推開這件事的時候，她感受到了輕鬆。

　　2. 安全感。案主當時的年紀小，當她遇到危險時，父母
沒有及時給予保護，同時在家庭當中有重男輕女的思想，導
致案主沒有安全感。

　　3. 資格感。案主的原生家庭非常重視弟弟，案主心裡感
覺父母愛弟弟多過愛她，所以內心有個聲音一直在說：為什
麼我不是男孩，要是我也是個男孩，也許爸爸媽媽就會愛我
多一點。這樣的心理暗示直接影響了她本人的身分認同，她
不認同自己的女孩身分，甚至影響了夫妻的親密關係……

　　所以童年的未了事件，對人的影響是非常深遠的！

## ■ 情緒突然爆發，源於童年的創傷被激發

案主：女士，33 歲，希望改善自己的情緒。

趙中華：妳想做什麼主題？

案主：我遇到問題就很急躁，不能理性地處理，我希望改善情緒，不要太著急，對家人能夠溫柔一些，給他們更多溫暖。我和我父親性格一樣。

趙中華：妳遺傳了父親的性格是一方面，另一個重要原因，可能是妳小時候的創傷被激發了。當生活中出現一些事情，比如說孩子沒有做作業、孩子不洗澡，本來是很小的事情，但妳會非常生氣，甚至情緒失控，這就代表妳童年的創傷被激發了。孩子會在不同的年齡，激發妳當年不同的創傷。孩子 6 歲會激發妳 6 歲的創傷，孩子 10 歲會激發妳 10 歲的創傷，孩子 14 歲會激發妳 14 歲的創傷。而妳所有的創傷，會透過兩個人激發出來，一個是孩子，另一個是伴侶。一旦遇到孩子和伴侶，妳會把童年沒有滿足的期待和渴望，投射在這兩個人身上，這兩個人就會激發妳的創傷，讓妳失控、焦慮。妳結婚幾年了？

案主：我結婚 11 年，有一個兒子，一個女兒。

趙中華：妳給你們夫妻關係打幾分？

案主：78 分。平時還不錯，遇到觀點不一致，或者教育孩子時就會爭吵。

趙中華：再談談妳媽媽吧！

案主：我媽媽特別溫柔、特別大氣，不會斤斤計較，寧願自己吃虧一點，也不想和別人爭吵。

趙中華：妳爸爸呢？

案主：我爸爸脾氣暴躁了一點，但很有能力，對朋友特別捨得付出，在我們那裡，大家有什麼事都會找我爸去幫忙解決。

趙中華：妳為什麼說爸爸脾氣暴躁，是哪些方面暴躁？

案主：他對我媽不好。

趙中華：怎麼不好？

案主：我媽平常說一句很正常的話，他就會大發雷霆。

趙中華：妳和老公吵架時，妳有沒有這種大發雷霆的時候？

案主：有。

趙中華：爸爸媽媽吵架，妳支持誰多一點？

案主：我會勸我媽別說了，我怕我媽說多了，我爸動手打她。我一直羨慕別人有一個幸福的家庭，希望自己也有個幸福的家庭。

趙中華：形容一下妳自己。

案主：我覺得自己滿善良的，對朋友很好，但脾氣不好，性格急躁。

趙中華：說一件最近發生的、讓妳非常生氣的一件事。

案主：孩子在家上線上課程，我在家裝了一個監視器，在辦公室看見他上課在玩遊戲，我就非常生氣，馬上開車回家，本來是想揍他一頓，路上自己冷靜了一下，最後沒有打他，只唸了他幾句。

趙中華：妳有過親情中斷嗎？

案主：有過，我從五六歲開始一直到十幾歲，都是在奶奶家或者外婆家、舅媽家生活。

趙中華：親情中斷會對人的安全感產生相當大的影響，包括妳裝監視器這件事情，都說明妳沒有安全感。那我們今天的目標就是要讓自己情緒穩定一點，能夠對老公和孩子溫柔一點，讓家庭幸福。

● 排列呈現

（引入爸爸代表、媽媽代表、哥哥代表、姊姊代表、案主代表）

趙中華：大家跟著感覺移動一下（見圖 2-6）。

趙中華：妳和媽媽確實關係好一些，因為妳和媽媽離得挺近的。

案主代表：我就想靠著媽媽，離爸爸遠些，在媽媽身邊有安全感。

趙中華：妳擺出家庭吵架的樣子（見圖 2-7）。

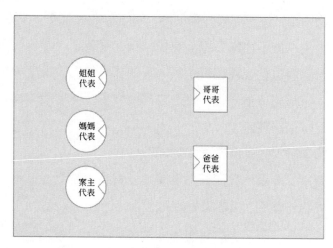

圖 2-6 各位代表排列呈現

● 排列呈現

（擺出家庭吵架的樣子）

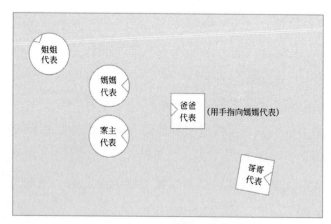

圖 2-7 各位代表排列呈現

爸爸代表：我不想聽老婆嘮叨。

媽媽代表：我想離老公遠點，不想受傷害。

案主代表：我覺得媽媽很委屈，爸爸不應該這樣做。

案主：我感覺十分恐懼。爸爸，你討厭我，沒有對我們說過任何肯定的話。

趙中華：現在知道妳為什麼在家裡這麼愛發脾氣，是因為妳童年的創傷。妳小時候一直想為媽媽復仇，可是這並不代表妳不愛爸爸，妳很累，妳越操心越累。在現場妳可以將憤怒發洩出來。

閉上眼睛，想像一下，爸爸對媽媽的態度，爸爸對妳不公平的待遇，然後把妳的情緒傳到枕頭上，抓住枕頭，摔在椅子上。

案主（一邊摔枕頭一邊說）：我討厭你，為什麼這樣對媽媽？我討厭你，爸爸，我希望你能鼓勵我，我也是很棒的。

趙中華：為什麼我們不會討厭一個陌生人，為什麼會討厭爸爸，因為愛他，因為我們需要親人的愛。

趙中華：妳期待爸爸怎樣鼓勵妳？

案主：我希望他說：「女兒，妳很優秀。」

爸爸代表：女兒，妳很優秀。女兒，妳很優秀。

趙中華：妳心裡有什麼感受？

案主：好受些。

### 老師帶著案主一起說

爸爸，你是我的爸爸，我是你的女兒，因為愛你，我複製了你性格中的暴躁。今天，我決定把這份暴躁還給你，它不屬於我，請原諒我的不孝，對不起！

趙中華：向爸爸鞠躬。想像妳身上有道白色的光，飛到妳爸爸身上，飛完了，就退一步。

### 老師帶著媽媽代表一起說

女兒，我知道妳很愛我，但是，這個男人是我選的，這是我的命運，與妳無關。他是我的老公，妳是我的女兒，謝謝妳！妳救不了我，這是我們的命，這是我選擇的人生。

趙中華：不少孩子都會糾纏在父母的感情中間，想救他們兩個人，因此就沒有時間愛自己的老公。

### 老師帶著爸爸代表一起說

女兒，這是我們的人生，這是我們相愛的方式，和妳無關，謝謝妳！

### 老師帶著案主一起說

媽媽，妳和我訴苦，我可以聆聽，不過我只是妳的女兒，沒辦法給妳建議，因為妳是成人，成人要為自己的選擇負責任。

## ● 排列呈現

（引入老公代表、兒子代表、女兒代表）

趙中華：大家跟著感覺移動一下（見圖 2-8）。

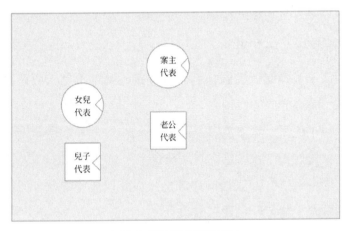

圖 2-8 各位代表排列呈現

趙中華：看得出來，孩子們十分關注你們的關係。妳在童年有些期待沒有得到滿足，妳總想把對爸爸的期待，放在老公身上。

**老師帶著老公代表一起說**

我只是妳的老公，不是妳的爸爸，沒資格當妳的爸爸，對不起，請妳原諒！

趙中華：沒有期待就不會相愛，我們做自己能做的，接受能接受的，不能接受的就放下，沒關係。（問案主孩子）

你看著媽媽有什麼感受？

　　兒子代表：覺得媽媽很可憐。

　　趙中華：沒有完美的媽媽，也沒有完美的孩子，每個人都會對孩子有些傷害。

## 老師帶著案主一起說

　　孩子，媽媽以前對你們有些傷害，媽媽不是一個完美的媽媽，請你們原諒我。

　　兒子代表：希望媽媽今後開心一點。

　　女兒代表：我希望妳說話聲音小一點，我害怕。

　　趙中華：妳回家後的作業是，從此以後多唱歌，把情緒化成歌聲，情緒一定要有出口。

　　案主：我記住了，謝謝老師。

## 趙中華洞見

　　有的人在教育孩子時，經常控制不住自己的情緒，例如孩子今天有點頑皮，或者孩子今天沒有按時寫作業，或者摔壞了一個杯子，家長的情緒就會失控，對孩子大打出手，雖然事後會後悔，可是遇到同樣的情況時，依然控制不住自己的情緒，這背後的原因是這個人的童年創傷被激發了。也許這種情緒在你的身體裡很多年了，當觸碰到這個創傷時，它便爆發了。遇到這樣的情況如何療癒自己？第一，學會舒緩

情緒；第二，需要療癒自己心中那個受傷的小孩；第三，找專業的心理療癒師幫助改善。

## ■ 我對自己有能力完成的事，也會感到焦慮

案主：男士，42 歲，探索自身的緊張感。

趙中華：你想做什麼主題？

案主：我想知道，為什麼自己想做一件事情時，本來有能力完成，卻總是感覺很緊張。

趙中華：這是從什麼時候開始的？

案主：我讀專科時，當時 17 歲，我在學校成立一個社團，茶不思飯不想，壓力特別大。

趙中華：說明這個職位對你非常重要，最後結果怎樣？

案主：結果還可以，但沒達到我預想的效果，我始終感覺壓力很大，擔心自己做不好。

趙中華：回憶一下，小時候有沒有讓你緊張的事情？

案主：以前報考明星國中時，沒有一個人離家這麼遠過，去之前，我心裡十分害怕，當時才 12 歲。

趙中華：你今天希望達到什麼目標？

案主：提升自己的自信心。

趙中華：你的這份緊張在身體的哪個部位？把手放在這

個部位上說，我感受到你了，我接納你，用我最好的愛祝福你，謝謝你！

## ● 排列呈現

（引入17歲的案主代表、老師代表、三個社團成員代表）

趙中華：大家跟著感覺移動一下（見圖2-9）。

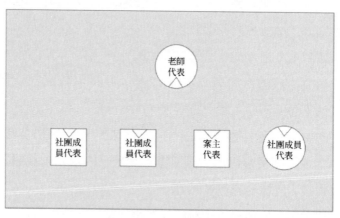

圖 2-9 各位代表排列呈現

### 老師帶著社團成員代表一起說

你為我們付出了許多，你做得很棒，做得很優秀，謝謝你！

**老師帶著老師代表一起說**

我是你的老師，你做得很好，為這件事你付出了許多，我身為老師代表謝謝你！

趙中華：聽到大家這樣說，有什麼感受？

案主：挺感動的，以前做得好與不好，大家也沒有說這樣的話。

趙中華：閉上眼睛，回憶一下，你害怕什麼？

案主：我怕做不好。

趙中華：你在渴望什麼？

案主：我渴望別人的肯定，得到別人的認可。

趙中華：你渴望有個人能幫忙分擔壓力，你需要愛，是在渴望誰的愛？小時候最渴望愛的時候，發生過什麼事？

案主：我小時候害怕爸爸身體不好。

趙中華：你爸是什麼時候生病的？聽到這個訊息有什麼感受？

案主：我 10 歲時爸爸生病了，我當時特別緊張，感覺壓力很大。

## ● 排列呈現

（引入 10 歲的案主代表、爸爸代表）

趙中華：大家跟著感覺移動一下（見圖 2-10）。

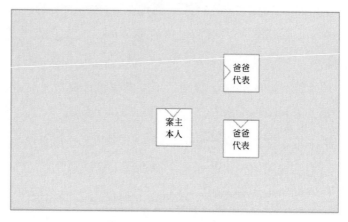

圖 2-10 各位代表排列呈現

**老師帶著案主一起說**

爸爸，我需要你的愛，我長大後遇到困難時，總會回憶起我對你愛的渴望，我遇到事情的緊張感，就是我對你愛的渴望。

趙中華：閉上眼睛，每往前走一步就小十歲，回想你 10 歲時特別需要爸爸的愛，和爸爸做一下連結。

**老師帶著案主一起說**

爸爸，我需要你的愛，我需要你的支持，有時我很緊張，因為我感覺缺少你的愛，爸爸，你在哪裡？請給我一些

愛，我需要你，請給我力量。

趙中華：想像你的喉嚨和胸口，在接受爸爸的力量，有一股熱流，連結到你的身體，爸爸的愛流進你的身體，透過你的鼻孔、喉嚨流進身體，源源不斷的力量進入你的身體。

案主（與爸爸相擁）：爸爸，謝謝你，給予我生命。

趙中華：如果用一個動作讓自己能夠放鬆，是什麼動作？你做出這個動作，想像自己躺在一條船上，暖暖的陽光照射在身上，完全放鬆。感覺怎麼樣？

案主：舒服，放鬆。

趙中華：你回家後的作業是，想像 10 歲的你趴在自己的胸口，撫摸他說，我看見你了，我感受到你了，我接受你，我愛你，你小時候不容易，我以 42 歲的自己撫摸 10 歲的你，讓我把愛給你，療癒你，我愛你，寶貝。

案主：記住了，謝謝老師。

## 趙中華洞見

在我們心理療癒的過程中，其實有一個主題叫未了結事件，指的是童年時發生的一件對自己影響很大的事情，在你當時的年齡是無法承受的，對你造成了心理影響或者是羞恥感……這些等長大之後，它會對你繼續造成影響，而我們心理療癒師就是去協助案主了結那個未了結的事件，我們改變不了已經發生的事情，但是可以改變已發生事情的意義。

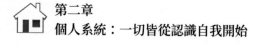
## ■在「無我」的婚姻中，找回自我價值

案主：女士，43 歲，希望處理家族系統動力。

趙中華：妳想做什麼主題？

案主：探索原生家庭對我的影響，我現在婚姻和財運都不好。

趙中華：舉例說明。

案主：我在感情上遇到好多騙子。我的第一段婚姻，是我違背家裡的意願和男友私奔出去工作，為了他，我犧牲了前程和財富，最終我覺得他欺騙了我，我們離婚了。第二段婚姻，剛結婚時我覺得他人不錯，後來發現他喜歡在網上和別人聊天，聊一些不堪入目的話題，婚後他出軌 5 次，我都原諒了他，西元 2018 年時，無意中我又撞見了他出軌，這才下決心斷絕我們之間的關係。從西元 2014 年一直到西元 2018 年，這幾年的時間，我們很少過夫妻生活，我感覺自己心裡特別害怕。

趙中華：聊一下妳的原生家庭吧！

案主：我爸爸比較凶，我怕他，他是一個特別嚴肅的人，他每次喊我，我就要第一時間出現在他面前，我很怕自己去晚一點會被他罵，哪怕是他叫我去吃西瓜，口氣都是很凶的樣子，我一聽我爸在叫我，心裡就會驚一下。我媽媽很溫柔，非常愛我，她經常問我爸：「這麼乖的女兒，你怎麼

捨得打罵呢？」我也討厭自己的性格，覺得就是因為我，爸媽才吵架的。

我有一個弟弟，比我小 7 歲。我媽說生女兒沒有用，所以要再生一個，我那時就明白了，因為我沒有用，就又生個弟弟，之後我爸媽的愛就給了弟弟。

趙中華：妳從什麼時候開始害怕妳爸？

案主：我從小就怕他，他說話聲音大時，我特別害怕。

趙中華：閉上眼睛回憶一下，最害怕的一次是什麼事？當時妳幾歲？

案主：我 9 歲時，我媽去我外婆家，我出去玩，我爸找到我，一巴掌把我的牙齒打掉了。

趙中華：妳父母的感情怎麼樣？

案主：他們感情挺好的，雖然也會吵架。特別有意思的是，我爸和所有人發脾氣，卻不和我媽發脾氣，我媽和所有人都不發脾氣，卻只和我爸發脾氣。

趙中華：妳小時候有親情中斷嗎？

案主：沒有。

趙中華：妳今天的目標是什麼？希望未來怎樣？

案主：我希望自己從兩段失敗的婚姻中吸取教訓，開啟新生活。

### ● 排列呈現

（引入案主代表、爸爸代表、媽媽代表、弟弟代表）

趙中華：大家跟著感覺移動一下（見圖 2-11）。

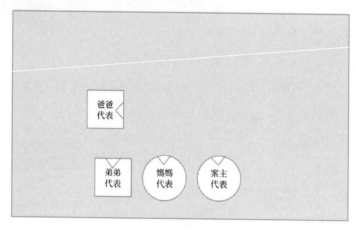

圖 2-11 各位代表排列呈現

媽媽代表：感覺看到女兒挺舒服的。

案主代表：不想看到爸爸。

爸爸代表：想靠近老婆，覺得弟弟代表占了我的位置，不太舒服。

弟弟代表：覺得站在媽媽身邊相當舒服。

案主代表：感覺很失落，自己在這個家不重要。

案主：我媽很愛弟弟，但有點恨鐵不成鋼。

趙中華：妳 9 歲挨打，希望未來婚姻幸福，最重要的就是轉化。閉上眼睛，放鬆，每往前走一步小 10 歲，回到 9 歲的時候，回想挨打時的感受。

案主：我很害怕，非常恐懼。

趙中華：睜開眼睛，有什麼話和爸爸說？

案主：爸爸，我很怕你，聽到你的聲音就害怕，聽到你喊我的名字就害怕，卻不敢恨你。

趙中華：妳問題的根源是沒有自我。妳老公出軌 5 次，妳都原諒他了，妳對父親不敢恨，這些都說明妳根本無法做自己。40 多年來，妳都在爸爸的陰影籠罩下生活。妳沒有自我，哪來的婚姻幸福？沒有哪個孩子能忍受牙齒被打掉，把妳的憤怒傳到這個枕頭上，透過摔枕頭，將難過和憤怒都摔出去，這不代表妳不愛爸爸，是妳要把憤怒發洩出來。

請妳大聲喊出來，爸爸我想做自己，求求你，我想做自己，我真的很累。我都這樣乖了，你還是打我，我恨你。

（案主摔打枕頭，發洩憤怒。）

## ● 排列呈現

（引入過去的案主代表）

趙中華：妳們相對站好（見圖 2-12）。

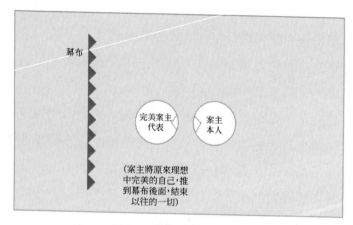

圖 2-12 各位代表排列呈現

趙中華：這是以前那個妳，要當一個聽話的孩子，認為自己什麼都做不好的那個妳，要是繼續把她留在心裡，妳就沒辦法幸福快樂。這個不是妳，這是妳爸爸媽媽塑造出來的樣子，為了前夫，為了弟弟，為了父母，就像一個沒有自我的軀殼。今天妳必須和她告別，讓全新的妳和過去的妳告別，否則妳未來沒有幸福。

過去的案主代表：我要聽話，我要乖，我要拯救父母，我要拯救弟弟。

案主：妳走吧！請妳離開我。

**老師帶著案主一起說**

爸爸,謝謝你陪伴我,我想做自己,我太累了,我做不了完美的人,我只能做自己。

趙中華:妳最希望爸爸和妳說什麼?

案主:妳是值得我驕傲的。

爸爸代表:女兒,妳是值得我驕傲的。

趙中華:妳希望媽媽和妳說什麼話?

案主:妳是我最愛的女兒。

媽媽代表:妳是我最愛的女兒。

趙中華:閉上眼睛,回到妳最小的時候,妳在媽媽的懷抱裡,犧牲了自己,沒有一刻愛自己,孤獨無助,爸爸一巴掌下去打掉了妳的牙齒。妳的難受感覺在身體中哪個位置?妳撫摸這個位置說:「我看到妳了,我感受到妳了,我連結到妳了,我愛妳,寶貝。」

如果用一個動作代表愛自己,妳會用什麼動作?反覆做這個動作,慢慢做,妳不再孤單,讓我來愛妳,讓我來療癒妳,我愛妳。去擁抱一下爸爸媽媽,感受愛的傳遞。

案主:我感覺好多了,謝謝老師。

**趙中華洞見**

薩提爾在研究原生家庭時發現,因為原生家庭父母的性格不同,塑造出四種「假我」的類型:指責型、討好型、打

岔型、超理智型。

　　而這四種類型，都遠離了「真我」。在結婚後，這四種類型同樣會出現在夫妻相處的方式中，譬如妻子在丈夫面前永遠是一種討好姿態，雖然在別人眼中她是一位好妻子，但她自己並不快樂，甚至十分委屈。她本人活得不是那麼真實，永遠戴著面具在經營婚姻……所以我們心理療癒師的目標，就是協助案主看清真相，建立高自我價值感，不追求完美，學會欣賞自己、愛自己。

# 第三章

## 親子關係：逐漸走向分離的愛

# 親子之愛

愛有多種，伴侶之愛、兄妹之愛、同學之愛、朋友之愛、師生之愛、親子之愛，在這眾多的愛中，只有親子之愛是走向分離的愛。

伴侶之愛我們是希望彼此靠近，朋友、同學、師生都是希望我們的關係越來越親密，而孩子隨著年齡增長，就越來越想和父母分離，這裡指的分離有兩種，即身體的分離和心靈的分離。

媽媽經過 10 月懷胎，就是為了有一天讓我們離開媽媽的肚子成為一個獨立的人。所以我們與孩子的愛是走向分離的愛，隨著孩子的年齡越來越大，離分離的時間就越來越近，我這裡指的分離是來自心靈層面的分離。

由此我們衍生出培養孩子的核心概念，即培養一個獨立的孩子。既然孩子遲早有一天要離開父母，那父母需要怎樣來教育孩子呢？如果孩子 8 歲了，父母還餵飯、幫他洗澡，他的一切事情全由父母代替孩子來做，你覺得這樣的孩子離開父母之後是獨立的？還是無能的？所以我經常講，孩子 3 歲之前要給足孩子安全感和愛，隨著孩子年齡的增長，父母

要適當地讓孩子獨立地做一些事情。父母要學會逐步放手，什麼時候讓孩子獨立吃飯？什麼時候讓孩子自己穿衣服？什麼時候讓孩子自己洗澡？哪些事情孩子可以獨立去作主？這些都是我們父母要去思考的。而不是始終和孩子糾纏在一起，讓愛無法流動（詳見圖3-1）。

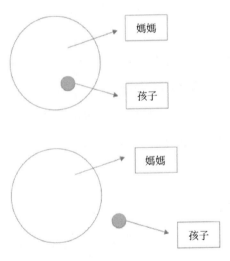

圖 3-1 走向分離的親子之愛

　　時代在發展，我們不能沿用父輩教育孩子的模板，來教育我們的孩子，現在孩子的童年也不是當年我們的童年，不論是環境或是見識，都發生了相當大的變化，因此父母的教育能力一定要跟上時代的發展。

# 病態共生

　　我們生命的開始和媽媽是一個整體，我們共用同一個身體，媽媽吃什麼就代表我吃什麼，媽媽是什麼情緒，我也能感受到，所以我們生命的開始和媽媽是一種共生的狀態。而當我們從媽媽的身體裡面分離出來的時候，是由一根臍帶連結著彼此，然後醫生會剪掉臍帶，讓我們成為獨立的個體。然而我們很多家庭，媽媽心裡的臍帶並沒有被剪斷，我們將這種關係稱之為：病態共生關係。

　　有一個孩子的媽媽向我求助，她說孩子沒有目標，喜歡待在家裡。

　　透過諮詢了解到，這位媽媽的婚姻並不順利，很早就離婚了，和孩子相依為命，孩子幾乎成了媽媽唯一的動力來源，孩子快樂媽媽就快樂，孩子痛苦媽媽就痛苦，這就是典型的共生關係。我還記得當時我拿出了一根繩子牽著彼此，代表共生狀態，然後拿出一把剪刀，要求孩子剪掉繩子。孩子在我的引導下順利完成，可是媽媽剪繩子的時候，表現得非常不捨、非常心疼，甚至都下不了手。所以我經常講，不是孩子離不開媽媽，而是媽媽離不開孩子。只有完成了這份心理分離，彼此的生命才算真正開始。

那為什麼會出現嚴重的共生關係呢？其實我們與父母的共生關係廣泛存在，只是多少不同，影響程度不同而已。那種超過正常範疇的共生關係，和媽媽本人的價值觀有非常大的關係，當本人的價值感不夠的時候，母親就會把大量的期待投射在孩子身上，期待孩子去彌補自己的缺失和遺憾。

例如：爸爸媽媽有一個遺憾是沒有上過大學，就特別希望孩子一定要考上大學；爸爸媽媽從小有個遺憾是不會彈鋼琴，就拚命地讓孩子練習鋼琴。這些都是出現共生關係的根源，希望孩子成為自己的夢想衍生品，其實這種關係是非常可怕的關係，這代表著孩子不能做自己，只能成為父母的傀儡。最終的結果一定是親子關係惡化，父母會以失敗和失望告終。

那解決之道是什麼呢？我給大家三個建議：

1. 提升自己的價值感。所謂的價值感就是讓自己做一個有價值的人，我有夢想，我有追求，我的期待我來負責，我欣賞我自己，我愛我自己。

2. 認清孩子不屬於你。孩子永遠成為不了你理想中的樣子，因為他是他，你是你。允許孩子和你期待的不同，讓孩子做自己，給孩子尊重和一定的空間。

3. 尋求心理療癒。當親子關係已經到了非常惡劣的程度，出現冷漠或者衝突的時候，尋求專業的心理療癒教練的幫助，一對一個案的支持，加上父母的學習是非常有必要的。

# 伊底帕斯情結

　　戀母情結又稱作伊底帕斯情結。神話「伊底帕斯王」中講述了伊底帕斯王子命中注定必然會殺死自己的父親，娶自己的母親為妻。王子雖然終生小心，極力避免，卻仍在不知不覺中犯下殺父、娶母兩樁大罪。佛洛伊德（Sigmund Freud）認為，這個情節反映了男孩愛母憎父的本能願望，而女孩則有戀父情結，即憎母愛父的本能願望，又稱「厄勒克特拉情結」。

　　人的這種本能願望，是從原始人的心理中繼承下來的，不可避免，無法抗拒，永遠留存在人類的無意識領域，它持續活動，以性本能為核心，帶有強烈的情感色彩，以致使人總是產生悔罪之感。

　　「戀母情結」與「戀父情結」其實我們每個人都有，只是多少不同。而這種情結什麼時候會比較嚴重呢？就是當父母關係惡劣的時候。當父母關係惡劣時，孩子便想去保護那個弱者，比如爸爸媽媽吵架，爸爸經常指責媽媽，兒子就會有一種想去保護媽媽的衝動，內心會覺得這個爸爸當得不稱職，讓我來愛媽媽吧！而媽媽也會自動地把在老公那裡沒

有得到的愛，投射到孩子身上，從而產生了一種「戀子情結」，並糾纏其中無法自拔。

同樣，若是女孩看到媽媽總是指責爸爸、抱怨爸爸，或者媽媽比較強勢，爸爸比較老實，這個時候女兒就會想去拯救爸爸，覺得爸爸不容易，同情爸爸，想去彌補媽媽沒有做到的部分。而父親也會相對比較疼愛這個女兒，從而他們的關係也會出現愛的糾纏。等這位女兒長大之後，在選擇伴侶時，也會以爸爸為參照，或者重複她的原生家庭模式。

婆媳關係不好相處，有一個原因也是因為伊底帕斯情結。首先，婆婆和媳婦都希望成為這個男人心中最重要的那個人，婆婆沒有做到及時放手，讓孩子獨立，陷入「戀子情結」不能自拔，所以要解決在心中唯一的問題。其次，兒子有「戀母情結」，當兒子發現媽媽過得辛苦，媽媽好不容易才把我養大成人，我絕對不能讓媽媽受苦，所以媽媽永遠是第一位，老婆永遠是第二位，這就是典型的「戀母情結」。兒子與媽媽之間產生愛的糾纏，與此同時爸爸的位置也錯了，當男人覺得媽媽永遠是最重要的第一位時，說明男人內心有兩個「老婆」，一個是媽媽，一個是配偶，就是出現三角關係，但當事人卻很難察覺。所謂當局者迷，旁觀者清就是這個意思。那該如何處理呢？我們將透過個案的呈現，然後回到自己的位置，做心理的告別儀式，表達愛的語言。

# 身分錯位

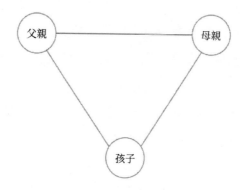

圖 3-2 家庭鐵三角

錯位一：孩子要當父母的伴侶。

當一個男人和一個女人相愛，就形成了家庭最初的模型，同時男人和女人也是屬於平行的位置，所以在戀愛的時候，相對來說矛盾會少很多。當正式結婚進入家庭，有了孩子之後，就出現了家庭關係鐵三角，大家可以看到圖 3-2，父母在上面，孩子在下面，倘若用樓層來比喻，父母在二樓，孩子在一樓。那什麼是身分錯位呢？就是序位顛倒了。

我授課時經常問學生們一個問題，當你很小的時候，父母發生矛盾，你站在誰那邊？有人說我站媽媽這邊，有人說

我站爸爸這邊，也有同學說我兩邊都不站。我小時候父母吵架時，我是站在媽媽這邊的，我和妹妹一起站在媽媽這邊。大家可以想像一個畫面，一家四口，三個人站一個戰線，爸爸一個人站一條戰線。那為什麼我們會站在媽媽那邊呢？原因是我媽經常會向我們展示一種受害者的身分，說爸爸怎麼不顧家或者老是去打麻將等，經常哭訴她的痛苦與委屈，我和妹妹就會同情媽媽，一起指責爸爸，這就是一種身分錯位。

當父母關係不好時，孩子就會想去拯救父母，從一樓上升到二樓，當父母心中的伴侶。媽媽過得痛苦，那就讓我這個兒子來愛媽媽；爸爸過得不幸福，那就讓我這個女兒來療癒爸爸。我這裡說的意思，不是讓大家以後不愛父母了，而是讓我們回到自己的位置去愛父母，讓愛流動而不是讓愛糾纏。

一切源於愛，一切始於愛。孩子愛父母甚至可以犧牲自己的幸福，婆媳關係就是最好的見證，當父母關係非常惡劣，媽媽相當辛苦時，這個時候兒子就非常容易想去救媽媽，不允許媳婦對媽媽不好，這樣也是身分錯位。

其實媽媽是成人，媽媽的人生是她自己選擇的，所以我們只能做父母的孩子，不能做父母的伴侶，父母之間愛的缺失，孩子是沒能力、也沒資格去代替伴侶完成的。

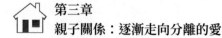
錯位二：孩子當了父母的父母。

當孩子成家之後，生活條件比爸爸媽媽當年不知道好了多少倍，這個時候若孩子覺得父母可憐，想改變父母，這就是另一種身分錯位，想當父母的父母。當你發現在家庭中，孩子對父母態度不好，嫌棄父母，這也不行，那也不行，這就是代表孩子的身分已經上升到父母的身分，違背了家族系統序位。不接受父母本來的樣子，就很難接受自己，因為我們的生命來自父母，然而這種身分錯位，當事人很難察覺。

同時還有另外一種情況，孩子用憂鬱或者其他方式來拯救父母。我曾經處理過一個個案，孩子憂鬱了，整天都不出門，透過諮詢了解到孩子的父母離婚了，孩子和媽媽相依為命，孩子一直同情媽媽，覺得媽媽相當不容易，爸爸拋棄了自己和媽媽。孩子潛意識裡決定用「憂鬱」的方式來拯救媽媽，不能讓媽媽再受苦。當我的個案呈現出來之後，媽媽非常震驚，甚至都不敢相信孩子用這樣的方式在拯救自己，媽媽當場淚流滿面，內心受到非常大的觸動，最後我解除了他們的身分錯位，讓每個人都回到自己該有的位置。

當在家庭中，一個人感覺非常累時，也許就和身分錯位有關。在我們還是孩子的時候，認為自己可以拯救父母，認為只要自己乖一點，父母就不會鬧離婚，自己可以拯救他們。可是你慢慢會發現，由孩子來拯救父母是不可能成功

的，因為孩子當不了父母的父母。我的一個學員說：「趙老師，我爸一天抽三包菸，我說了他好多年，怎麼就是改變不了？我想了很多辦法都不行，趙老師我該怎麼辦？」我說：「我知道你很愛爸爸，但你改變不了他，除非你是他的媽媽，否則不可能會成功。」

我們經常可以看到家庭裡，有孩子想改變父母的生活習慣，譬如父母十分節儉，孩子卻覺得沒必要太省。當然我知道這種干涉裡有孩子對父母的愛，不過我想表達的是，當你想改變父母時，就意味著以下三點：

1. 你在做父母的父母，而且不可能成功，因為序位顛倒；
2. 你不接受父母本來的樣子，傲慢且沒有尊重；
3. 你心中對父母有很多的不滿甚至怨恨。

# 親子關係之平衡

　　與孩子和諧相處的核心就是「平衡」，親子關係的平衡是指付出與收取的平衡。比如我拿起一瓶優酪乳問我兒子：「你想喝嗎？」他會露出天使一般的笑容說：「想喝。」我說：「那親爸爸一下。」兒子嘟起小嘴在我臉上親了一下，滋養了我的內心。我付出了優酪乳，兒子付出了一個吻，這就是付出與收取的平衡。而父母期望孩子考 100 分，孩子只考了 80 分，父母感覺不平衡，因此就憤怒了。

## 1. 沒有絕對的平衡，只有相對平衡

　　人與人之間做不到絕對平衡，只有相對平衡。無論孩子怎麼感恩父母，也永遠給不了父母生命；父母為孩子付出許多生活上的照顧，不代表孩子就一定能考 100 分回報。所以我經常問家長，你們覺得父母愛孩子多一點？還是孩子愛父母多一點？沒有絕對的平衡，只有相對，例如當父母為孩子付出時，不要想孩子得用 100 分來回報，孩子成長帶來的快樂才是孩子的回報。就像前面給孩子優酪乳的例子，無法衡量一個吻和一瓶優酪乳，哪個付出更多。

## 2. 親子關係的平衡

根據圖 3-3 所示，如果白色代表父母付出並收取回報，黑色代表孩子付出並收取回報，當父母付出了並收取回報，孩子也付出並收取回報，這樣的關係就是一種相對和諧的狀態。要是孩子出現偏差行為，如憂鬱、自卑、自殘、自殺、膽小、自私、封閉等，其實都和親子關係失衡有很大的關係。

圖 3-3 親子關係的平衡

比如，媽媽和孩子一起去購物，孩子發現媽媽手上提的東西比較多，便主動說：「媽媽我來幫妳拿吧！」媽媽說：「不用了」回到家，孩子發現媽媽在廚房裡忙碌，立刻過來說：「媽媽我來幫妳。」媽媽說：「不用，你去念書吧！」吃飯時，孩子夾了一塊魚肚給媽媽吃，媽媽說：「我不愛吃，你多吃點。」這就出現平衡失調的問題，孩子一直想付出，媽媽卻一直拒絕接受。

再比如，孩子用一個小時拼好積木，高高興興地來到父母面前說：「爸爸媽媽來看看我的積木。」父母低頭滑著手機，瞟了一眼輕蔑地說：「這有什麼用？又不是考了 100

分。」請問孩子是什麼感受？時間久了之後，孩子想表達愛，無處表達，在父母眼中只有成績，而自己的成績又沒有達到父母的期待，便認為自己是一個沒有價值的人，自我價值展現不出來，孩子就會去尋找展現自我價值的地方。後來，孩子發現網路遊戲每打一個怪，就升一級，遊戲會不斷獎勵、鼓勵他，他的付出，遊戲都會回饋，付出和收取平衡了，孩子便沉迷在遊戲裡了。假設孩子拼好積木，父母看到說：「哇！真棒，如果是我，肯定拼不出來，你是怎麼做到的？」你猜孩子又是什麼感受？孩子付出，父母鼓勵，付出與收取就平衡了。

當孩子想要付出愛，父母拒絕接收，認為只有成績才能代表孩子的愛，這才是真正的問題。我們不是補習班老師，也不是孩子的班導，我們是孩子的父母，父母離不開與孩子共同生活、連結情感。不少父母已經進入「走火入魔」的狀態，認為成績代表一切。我不是說成績不重要，成績當然重要，同時孩子的價值感更重要，父母要接受來自孩子的愛，並回饋愛給孩子。

當孩子想要付出愛，我接受；我又付出愛，孩子接受，我們產生了交集，關係就和諧了。譬如我去外地講課回來時，孩子在樓下接我，他一個箭步跑上來說：「爸爸，我來幫忙拿行李箱。」如果我說：「不用，你做好作業就可以

了。」你猜孩子是什麼感受？當我說：「好啊！有你的幫助太棒了。」兒子雙手推著行李箱上電梯，進家門時，已經滿頭大汗了，我在他的額頭上點了 10 個讚，並且說：「爸爸有你的幫助感覺真好，謝謝。」雖然孩子滿頭大汗，可是我看到了他的付出，而孩子得到了我的肯定讚美，臉上露出了幸福的笑容。

# 親情中斷

在孩子 0 ～ 7 歲期間，可能因為父母外出工作，或者其他原因，與父母有一段時間的分離，特別是與媽媽的分離，讓孩子在爺爺奶奶或其他親屬家生活，在孩子成長的重要時間點，在孩子心理最脆弱的時候，父母不在身邊，這就造成了親情中斷的創傷，對孩子的未來有非常大的影響，比如說不能感受愛，不能有效地表達愛和自己的需求，身體凍結，情感封閉等。而這將成為他們內在對愛最深的渴望，在未來的生活中，孩子可能會表現出不少心理問題。一切源於愛，一切始於愛。

比如，當我的小兒子 2 歲的時候，晚上或者因為做夢的原因大哭了起來，第一時間就是喊媽媽，所以媽媽和孩子的連結非常重要，孩子透過和媽媽身體的連結感受媽媽的溫暖，能夠讓孩子感受到被保護與被愛，若這份連結有缺失，便會埋藏在我們最深的內在部分。

你想像一個場景，孩子在房間裡玩耍時，突然傳來急促的敲門聲，你會發現孩子立刻安靜下來，身體一下就停住了，心理學將這種表現稱之為「凍結」。等父母開啟房

門後，發現原來是朋友，孩子才會放鬆下來，回到之前的狀態。

上面提到的親情中斷，就會發生情感凍結的狀態，簡單的語言溝通效果是甚微的，往往需要用到大量療癒「重生」的技巧，這個技巧在我的實體課程經常可以看到，就是讓案主再次回到親情中斷的時候，開啟身體，重新和媽媽去連結內心深處最深的渴望，向媽媽表達：「媽媽我需要妳，媽媽我愛妳。」大部分的案主療癒完之後，內心會感覺到被滋養與療癒。（詳見圖 3-4）

圖 3-4 孩子需要媽媽的愛

# 父母帶給我們的創傷

我經常問學員一個問題，你們覺得自己的父母完美嗎？
答案基本是搖頭的！你們覺得自己在當父母的時候，是完美
的父母嗎？大部分的回答也是搖頭的。所以父母會帶給我們
兩份禮物，即祝福和傷痛。而這兩份禮物，是我們一生都需
要去面對的。

## 1. 祝福

祝福往往容易被忽略，什麼是祝福？也許從出生的那一
刻起，你的祝福已經給你了，但你還不知道發生了什麼。譬
如我第一個兒子還沒出生，我們就開始準備孩子的吃、穿、
用等物品，一直在期待孩子的到來，也在思考如何取一個能
帶給孩子好運的名字。

我記得在讀完小學 6 年級時，有一天回家後，我爸爸媽
媽說：「兒子，送給你一個禮物。」我問：「是什麼？」父
母說：「就是你非常期待的腳踏車。」當我看到爸爸媽媽買
的腳踏車時，心裡非常高興，因為我家離學校，走路需要 40
分鐘以上。這就是父母給我的祝福。

後來我才知道，為了買這輛腳踏車給我，他們還借了錢。類似這樣的祝福太多太多了，隨著我們年齡的增長是非常容易忘記的。我同時也想問，你還記得父母給過你哪些祝福嗎？回憶起來是一種什麼樣的感受呢？

## 2. 傷痛

無論父母付出多大的努力，仍然無法避免帶給孩子傷痛，只是多與少、重與輕而已。我講一個自己的故事。

六七歲時，有一天放學回家，我遠遠看見媽媽在菜園裡，便大聲喊她，可她沒聽見，於是，我就更大聲地喊，但媽媽始終沒回應我。我憤怒極了，心想媽媽為什麼不理我？憤怒地回到家後，發現院子裡晒了許多蘿蔔皮，我立刻想到了一個報復的方法，我用手捧起旁邊的沙子甩到蘿蔔皮上，並且用腳在上面來回地踩，發洩著不滿。

當媽媽回家看到我的傑作，二話不說就去找了一根竹條，對著我的小腿一頓抽打，打完之後，媽媽讓我跪下認錯，我跪在地上也沒覺得自己錯了，我哪裡錯啦？如果在我喊妳的時候，妳回應我一下，我就不會去弄妳的蘿蔔皮啦！我心裡暗暗發誓，等我長大了，一定報復妳。現在回憶起我青春期時和父母的爭吵，其實都和這件事有關聯，我們把它稱之為童年未了事件。

這件事對我來說就是傷痛，其實就是心理的創傷。後來

我結婚了，記得有一次我在洗澡，忘記拿浴巾，便喊老婆幫我去拿一下。老婆沒有回應，我憤怒極了，心裡想，以後妳讓我拿什麼，都不幫妳拿了，我一定不讓妳好過。

你們有沒有發現，我的「創傷」被激發了，童年的「創傷」被啟動了，我甚至會把對母親的憤怒，全都發洩在另一半身上，因為這個憤怒已經埋藏了 30 年，就像火山一樣要噴發出來。幸虧我學了心理學，療癒了自己的童年，不然我不敢想像餘生會受這個創傷影響有多深。

我談了自己的人生故事，接下來我想問你，你的童年創傷是什麼？

彼得·列汶博士（Peter A. Levine）研究創傷多年，發現焦慮、失眠、憂鬱、封閉、身心失調、恐慌、無故大發脾氣、反覆出現破壞性的行為等，都是「創傷」被啟動的表現。

如果因為孩子沒有認真寫作業，或者做了一件調皮的事，或者摔壞了一個杯子，或者沒有按時睡覺，父母情緒失控，大喊大叫，甚至有一種窒息的感覺，這都是「創傷」被啟動了，孩子的每個年齡都會激發我們不同年齡的創傷，那要如何解決呢？

1. 找專業的心理療癒師去療癒。就像我會透過催眠讓案主連結內在受傷的部分，然後把愛和療癒帶給那個脆弱的部分。

2. 自我療癒。學習專業的課程，接受專業的訓練，持續成
   長自己，連結，看見，療癒，創造。

　　最後做一個總結，我們每個人都會攜帶父母的祝福與傷
痛，即便我現在是一名心理療癒師，也不代表我不會把傷痛
帶給孩子，只是可能會相對少一些而已。祝福和傷痛是兩份
珍貴的生命禮物，讓我們可以去探索自己的內在，去發現沒
有發現的部分，讓我們擁有英雄之旅的人生。

# 冥想療癒

　　我帶領大家做一個和孩子心理分離的冥想療癒，前面談到親子之愛是走向分離的愛，那接下來的這段冥想療癒是非常重要的，若是妳和孩子有比較嚴重的「戀子情結」，或者出現嚴重的愛的糾纏，可以多練習幾次。首先我們找到一個舒適安靜的環境，確保自己不被打擾。

　　讓自己安靜下來……然後先站起來……再慢慢地閉上眼睛……關注自己的呼吸……慢慢地吸氣……慢慢地吐氣……我們可以慢一點……不著急……

　　然後把注意力放在肩膀上……想像自己的肩膀放鬆……雙手自然垂下……就像兩根自然下墜的燈管一樣……放鬆……放鬆……然後再放鬆身體……放鬆大腿……放鬆小腿……感覺雙腳踏在地板的感覺……用一個呼吸帶給自己……讓自己安靜下來……放鬆下來……

　　然後回憶一下，最近有沒有和孩子發生衝突……或者孩子做了什麼自己不能接受的事情……妳情緒失控了……當時發生了什麼……在什麼樣的環境下……內在的感受是什麼……然後妳的內在有一個什麼樣的聲音出現……留意自己

的感受……我現在引導孩子對妳說幾句話……注意妳的感受……

　　媽媽……妳是我的媽媽……我是妳的孩子……感謝妳帶給我生命……我很愛妳……但是我不屬於妳……我屬於我自己……我要離開妳了……總有一天我會長大……我會開啟自己的人生……請原諒我……我沒有辦法去實現妳的期待與遺憾……我只是妳的孩子……對不起……媽媽……我依然愛妳……我會以一個孩子的身分來愛妳……請妳接受我……謝謝妳……媽媽……

　　當妳聽完孩子的表達……留意妳內在的感受……然後再慢慢地睜開眼睛……回到當下。

# 真實療癒個案

## ■把控制孩子變成平等對話

案主：女士，38 歲，希望改善和女兒的關係。

　　趙中華：妳想做什麼主題？

　　案主：我想改善和女兒的關係。

　　趙中華：妳有幾個孩子？

　　案主：我有兩個孩子，女兒 13 歲，兒子 7 歲。

　　趙中華：小時候妳是不是很乖？

　　案主：對。

　　趙中華：你們夫妻的關係怎麼樣？

　　案主：經常爭吵。

　　趙中華：孩子和父母的關係怎麼樣？

　　案主：女兒和我們夫妻的關係都不好，兒子和我們的關係都好，女兒和兒子的關係也不好。

　　趙中華：感覺你們夫妻和兒子三個人是一夥，女兒被孤立了。妳和女兒的關係惡劣到什麼程度？

案主：不管我說什麼，她都反抗，而且她不自信，相當自卑。

趙中華：女兒一直和妳生活在一起嗎？

案主：她小時候和爺爺奶奶在一起生活了兩年。

趙中華：當時她幾歲？

案主：4～6歲，6歲之後我就接她到身邊，因為要上小學了。

趙中華：妳覺得是什麼原因讓妳們關係緊張？

案主：因為我和她爸爸都很關注她的學習，有一次她不願意寫作業，我和她爸爸就嚇唬她，半夜開車將她扔到馬路上，然後就走了。

趙中華：當時她多大？

案主：小學三年級，大約10歲吧！

趙中華：妳小時候被父母嚇過嗎？

案主：沒有。

趙中華：因為妳小時候很乖，所以妳對女兒要求就很嚴，希望她和妳一樣乖。

案主：我小時候爸爸媽媽不管我，因為他們不管我，我就想更乖一點。

趙中華：妳希望用乖，來喚醒父母對妳的愛。妳女兒怎麼看待弟弟？

案主：她很討厭弟弟，弟弟無論做什麼她都會罵他，比如弟弟吃飯慢，她就會罵他蠢，弟弟哭，她就罵他懦弱。

趙中華：她恨弟弟，因為她覺得，弟弟把父母全部的愛都奪走了。每次他們發生矛盾時，你們夫妻是什麼表現？

案主：我就和她說弟弟小，要她讓著弟弟。

趙中華：妳會發現越這樣做，他們的關係越惡劣。

案主：是的，我越這樣說，她就越針對弟弟。

趙中華：聊聊妳的成長經歷，有幾個兄弟姊妹？

案主：我有一個哥哥。

趙中華：妳父母關係怎麼樣？

案主：我爸爸媽媽經常吵架。

趙中華：妳和哥哥關係怎麼樣？

案主：我經常照顧哥哥，我覺得哥哥不如我聰明，像是媽媽讓我們做事或者準備打我們時，我會逃跑，他經常挨打。

趙中華：妳和媽媽關係怎麼樣？

案主：關係普通。

趙中華：和爸爸的關係呢？

案主：和爸爸關係親近。

趙中華：簡單形容一下妳爸。

案主：我爸爸聰明、善良、大度。

趙中華：媽媽呢？

案主：媽媽愛嘮叨，愛指責，還經常打罵我們。

趙中華：妳怎麼看待媽媽這樣的行為？

案主：我覺得有點同情她，因為她罵我爸爸，我爸爸也不理她，越罵就越不理，我爸爸就不想回家。

趙中華：妳成長經歷中，有什麼難忘的事？

案主：我記得 10 歲時，哥哥買了一塊手錶給我，在當時是比較貴的錶，我就戴著它一個晚上，第二天去游泳的時候搞丟了，我媽用棍子打了我一頓，打得很重，感覺在我媽心裡，手錶比我還重要，我當時很希望爸爸在家，如果爸爸在家，我就不會挨打。

趙中華：妳現在想起這件事，是什麼感受？

案主：想起來心裡很難受，也很憤怒。

趙中華：妳和女兒的關係不好，妳覺得還有其他原因嗎？

案主：我們每次批評她的時候，本來是想一個唱黑臉，一個唱白臉，結果最後我們全是黑臉。她寫作業我們批評她，她收拾東西我們也批評她，搶弟弟玩具也批評她。

趙中華：妳打過她嗎？

案主：打過不少次，像是有一次老師跟我反映，她才三年級就跟別的同學一起溜出校門玩，我用衣架打了她的腿，

她不寫作業我也打她。

趙中華：妳媽當年用棍子打妳，妳用衣架打女兒，有可能是女兒不聽話時，觸發了妳的回憶，讓妳情緒失控了。

趙中華：妳打女兒時，她是什麼反應呢？

案主：她說媽媽妳別打了，我下次不會跟別人出去玩了。

趙中華：妳這麼乖，大概持續了多少年？

案主：應該是從 15 歲之後我才變乖的，15 歲以前其實不乖。

趙中華：為什麼？

案主：因為出來讀書了，沒有住在家裡。

趙中華：妳一直都和父母生活在一起嗎？

案主：對，一直生活在一起。

趙中華：爸爸是做什麼的？

案主：爸爸是公務員，今年 70 歲了。

趙中華：媽媽是做什麼的？

案主：媽媽是家庭主婦，已經去世了，因為糖尿病。

趙中華：我們看一下排列吧！

## ● 排列呈現

（引入爸爸代表、媽媽代表、哥哥代表、案主代表）

趙中華：大家跟著感覺移動一下（見圖3-5）。

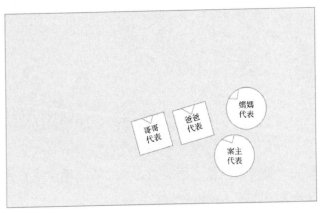

圖3-5 各位代表排列呈現

趙中華：好像都靠爸爸比較近，雖然媽媽指責爸爸，但他們關係還是滿好的。

案主：我媽媽生病期間，我爸爸都是不離不棄，爸爸比較大度，能容忍許多不好的事情。

趙中華：妳擺一下妳家平時的樣子（見圖3-6）。

## ● 排列呈現

（媽媽指責爸爸，爸爸不理媽媽，哥哥沒主見，案主是拯救者）

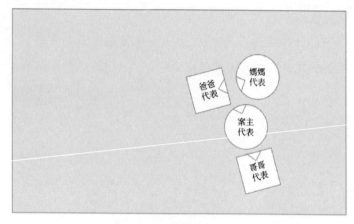

圖 3-6 各位代表排列呈現

案主：我同情爸爸，很想告訴媽媽換一種溝通方式，爸爸媽媽吵架的時候，我想做中間人。

趙中華：爸爸代表什麼感受？

爸爸代表：我覺得她用手指著我，讓人不舒服。

媽媽代表：我也不願意指責，其實我還是想和老公親近些。

案主代表：我想靠著爸爸，哥哥靠著我的時候，我就討厭哥哥，我還是想跟著爸爸走。

趙中華：哥哥這個身分錯位了，按道理在一個家庭裡面，哥哥應該是排在前面的，可他卻藏在最後面，妹妹成為老大了。

哥哥代表：是妹妹把我推過來的，我也不想站在這裡，

我也很討厭妹妹。

趙中華：（問案主）妳有什麼感受呢？

案主：我感覺好累。

趙中華：為什麼會累呢？

案主：因為我總是想調解媽媽和爸爸的關係。

趙中華：在婚姻裡面，妳想改變老公的時候多不多？

案主：多。

趙中華：累不累？

案主：累。

趙中華：妳雖然長得清秀，卻有拯救者的心態，不僅要操控爸媽，還要操控哥哥，一家人都要聽妳的。

案主：我現在不想了。

趙中華：妳理想中的家庭是什麼樣子呢？

案主：理想中的家庭，是 4 個人坐在一起開心地聊天，還可以開玩笑。

趙中華：妳覺得要怎麼樣做，才能達到這個目標？

案主：在我家做不到，因為我媽媽是沒有辦法溝通的人。

趙中華：媽媽現在也不在了是嗎？

案主：我和媽媽關係不親密，可是媽媽不在了，我又覺得愧疚。

趙中華：當年媽媽因為手錶的事情，是怎麼打妳的，我們情景再現一下，妳回憶一下當時自己的感受。

案主：很難受，很憤怒，覺得自己還不如一塊手錶重要，如果爸爸在，我就不會挨打。

趙中華：這麼多年了，妳一直記得這件事，說明這個創傷一直在，妳現在想表達什麼？

案主：媽媽，妳為什麼總是打我？難道我就不是妳的女兒？妳打我的時候不難受嗎？這個錶沒了還可以買呀？但是女兒沒了，妳就什麼都沒了。

**老師帶著案主一起說**

媽媽，難道我還沒有一塊手錶重要嗎？我還是妳的女兒嗎？我討厭妳用棍子打我，我討厭妳，妳只關注手錶，沒有看到我。

趙中華：妳拿著枕頭，想像所有的憤怒都彙集到枕頭上，用力摔在椅子上，一直摔到妳覺得舒服為止，把妳這麼多年的憤怒摔出去，做一個告別。

案主：（一邊摔枕頭，一邊喊）我討厭妳，我討厭妳。（最後把枕頭甩了出去）

趙中華：妳現在感覺怎麼樣？

案主：好多了。

趙中華：現在妳慢慢地呼氣，閉上眼睛，慢慢地吸氣，

想像妳來到海邊，大海給妳溫暖，想像海風吹在臉上，放鬆下來，睜開眼睛。

趙中華：媽媽代表想說點什麼嗎？

媽媽代表：對不起，媽媽不該打妳，我沒想到會給妳帶來這麼大的傷害，我錯了。

趙中華：妳聽完之後，有什麼感覺？

案主：好多了。

趙中華：現在看一下妳現在的家庭排列。

● 排列呈現

（引入老公代表、女兒代表、兒子代表、案主代表）

趙中華：大家跟著感覺移動一下（見圖3-7）。

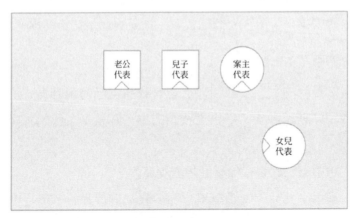

圖 3-7 各位代表排列呈現

趙中華：女兒代表有什麼感受？

女兒代表：我有一種被忽視的感覺，很孤單，也很難受。

趙中華：父母太多的關注都在兒子身上，女兒被忽視了。

案主：我覺得確實是關注兒子更多，沒有去關注女兒。

兒子代表：我感覺挺舒服，父母都站在我身邊。

老公代表：我確實喜歡兒子，不過也會關心一下女兒。

趙中華：女兒有什麼話對媽媽說？

女兒代表：媽媽，我希望妳能多關心我一點，尊重我。妳對我不好，我也不想對弟弟好，我也很愛妳，我希望妳不要總是指責爸爸，我看著相當難受。

趙中華：又出來一個拯救者，女兒變成了當年的妳。

**老師帶著案主一起說**

妳是我的女兒，我和妳爸爸有我們自己的相處模式，即便我和妳爸爸吵架，那也是我們的事，妳救不了我們，與妳無關。

趙中華：妳還有什麼話想對女兒說？

案主：女兒，媽媽對不起妳，我其實很愛妳，可是媽媽愛的方式錯了，對不起，以後媽媽多學習，改變自己，多關心妳，多愛妳，我和妳爸爸也一定會恩愛，妳不用擔心。

趙中華：如果做一件事，可以改善妳們母女的關係，妳覺得做一件什麼事？

案主：多抱抱她。

趙中華：對，還有多關心她。我覺得可以送個禮物給她戴在手上，妳猜是什麼？

案主：手錶。

趙中華：妳怎麼這麼聰明？

案主：我前段時間剛好送她了。

趙中華：她喜歡嗎？

案主：喜歡，是她想要的。

趙中華：這麼神奇？然後我再出個作業給妳，單獨帶女兒出去玩一次。

案主：我經常和她說要帶她出去玩，但她不想跟我出去。

趙中華：妳要蹲下來和她說，我需要妳的幫助。妳放低姿態，她才會被打動。還有什麼想說的嗎？

案主：女兒，媽媽愛妳，媽媽非常愛妳。

趙中華：我教妳們擺一下正確的序位，爸爸占第一位，媽媽占第二位，姊姊占第三位，弟弟占第四位，這是正確的家庭序位，這才是一個家，而不是把孩子放在前面，這樣每個人心都很安。

案主：明白了。

趙中華：閉上眼睛，想像妳的身體裡面出現一個蹲在地上受傷的小女孩，她就在妳的胸口這個位置，那就是 10 歲的妳。在過去的 30 多年，很少有人關心她，也很少有人去療癒她，她童年受了許多委屈，今天的妳已經長大了，那個蹲在地上的妳，終於在今天被發現了。現在要請妳把手放在胸口，摸摸她說：「我看到妳了，我感受到妳了，我接納妳，我愛妳。」想像這個蹲在地上的自己被妳療癒，她開始慢慢地站起來，開始慢慢地和妳合而為一，她開始綻放出甜美的笑容。妳再次回到海邊，帶著那個 10 歲的、受傷的自己說：「我帶妳去看看大海，去看看這個世界，妳是需要被接納的，需要被愛的，讓我來陪妳吧！我愛妳。」

想像海風向妳吹過來，海浪就像母親的愛一樣拍打在妳身上，充滿妳的全身，不管是 10 歲的妳，還是 38 歲的妳，都感受到來自大海的愛，把愛全部放在胸口，將它吸收回來，記住這種感受，它將伴隨妳的餘生，妳將用下半輩子好好去照顧她。好，睜開眼睛，妳有什麼感受？

案主：很舒服，真的很舒服。特別是你教我如何走近女兒，我感覺收穫很大。

趙中華：因為一個人很難把自己放下來，人都想站在最高位置，其實真正的高手永遠是順勢而為。還有什麼收穫？

案主：以前我覺得不是問題的問題，其實都是我的眼光問題，以前我一直覺得想去說服女兒，想去管她，想讓她按照我的想法去做，今天我明白了，我要慢慢放開，不再關注她的學習，也許她的學習反而會變好，我不再去控制她，也許她就一點點向我靠近了。就像你說的，關注哪裡，哪裡就成長，關注她的缺點，缺點就放大，關注她的優點，優點就放大。以前我想要改變女兒的觀念，改變老公的觀念，突然間，我發現所有的問題都是我的問題，我要先改變自己。

趙中華：記住今天的感受，妳要把那個 10 歲蹲在地上的自己帶走，別把她藏在裡面，記住三個和自我的關係：第一，和自己身體的關係；第二，和自己內在受傷小孩的關係；第三，和自我情緒的關係。處理好這三個關係，妳才能做到完整的自己。

案主：謝謝你。

趙中華：每天對自己說：「我看見妳了，我感受到妳了，我接納妳，我愛妳。」堅持 63 天。

## 趙中華洞見

我授課時說過，孩子和伴侶會激發我們的創傷，我們最希望能夠療癒自己的，是自己最親的人，但往往事與願違。所以案主想改善和女兒的關係，那麼首先需要改變她自己，療癒自己的創傷。

案主媽媽當年用棍子打她，而她現在用衣架打女兒，這都是一種複製，可我們卻不容易察覺到這種複製。其實她內在受傷的自己一直在召喚她，請妳療癒我，請妳療癒我。當我們真正去看見、去療癒，才能有好的結果，也就是所謂的英雄之旅。

當我們與孩子的關係不親密，或者孩子長時間不出門、不溝通，這些現象都和我們的平衡有關。父母經常站在高處去批評孩子，讓孩子感覺自己一直被父母主宰生活，感覺一直被父母控制。在這種情況下，想改善關係就要打破原來的關係，恢復平衡。只有父母放下自己高高在上的身分，才能改善原來不平等的關係，沒有人喜歡和一個永遠高高在上的人在一起。

## ■「太滿」的母愛，讓孩子感覺窒息

案主：女士，46歲，希望改善親子關係。

趙中華：妳想做什麼主題？

案主：改善親子關係。因為我脾氣特別暴躁，兒子小時候經常被我打罵，導致他缺乏安全感。我覺得特別對不起兒子。我老公一直在外地工作，雖然經常透過視訊聊天，但兒子還是缺少父親的陪伴，因此總是膽小自卑。

趙中華：談談妳的原生家庭。

案主：我家有四個孩子，我是老二，是家裡比較會念書的，爸爸比較強勢，脾氣有些暴躁，經常打罵我們，因為我成績好些，挨打相對少些。不過我爸非常明事理，大家有什麼事都找我爸處理。父母從我記事起就一直吵架，主要是因為爸爸脾氣不好，去年爸爸因為腦出血去世了。

趙中華：妳和老公的關係，是不是和妳父母差不多，也是經常爭吵？

案主：因為我脾氣不好，所以經常爭吵，老公曾經要離婚，我意識到自己有問題，就開始改變，然後我們的關係就越來越好了。

趙中華：老公如果不提離婚，妳就不改變？

案主：是的，因為當時我沒有意識到自己有問題。

趙中華：妳父母吵架時，妳幫誰多一點？

案主：幫我媽媽多一點，媽媽軟弱、善良、顧家，爸爸比較強勢，我會更同情媽媽。

趙中華：小時候發生過什麼讓妳印象深刻的事？

案主：我小時候比較乖，成績也比較好，因此爸爸對我比較好。在我小學四年級的時候，曾親眼看到爸爸追著打我姊和我妹。

趙中華：妳最後考到哪裡了？

案主：我考上臺大，爸爸還為我辦了一個慶祝會，他覺

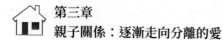
得我為家裡爭光了。

趙中華：聽妳這麼一說，父母對妳的愛挺多的。

案主：是的，對我們四個孩子來說，我爸對我最好，他一直強調，我們四個誰成績好，誰就出去讀書，沒出去的就在家裡種田。

趙中華：妳十分看重成績，所以對自己的孩子也這樣要求。

案主：是的，最開始我對他的期望有很多，因為我覺得我能做到的事情，你也要做到。

趙中華：所以學習成績對妳來說非常重要，畢竟妳就是成績好而獲得成功和父愛的，所以妳也希望自己的孩子成績好，愛讀書。

案主：是的，可能我確實像趙老師說的，期望過高了，當孩子沒有達成我的期望時，我就會對他態度不好甚至打罵，所以我現在真的很後悔，原來一直認為我是為他好，結果卻這麼糟糕。

趙中華：妳是因成績好而收穫良多，比如父母的愛和好的工作，所以也把這種信念複製在孩子身上。

案主：是的，我現在知道自己錯了。

趙中華：（對案主兒子說）當你聽到媽媽講她的故事，有什麼感受？

　　案主兒子：我媽媽生活在那個年代和那個生活環境，所以有這樣的教育觀念。

　　趙中華：你的感受呢？憤怒？委屈？難受？心疼？

　　案主兒子：看到她這個樣子，我覺得很心疼。

　　趙中華：每一個孩子看到媽媽在這裡哭，肯定會心疼。小時候看到爸爸媽媽吵架，你會同情誰多一點？

　　案主兒子：我會更同情爸爸，因為媽媽比較強勢。

　　趙中華：妳和兒子有過親情中斷嗎？

　　案主：有過幾個月吧！他在他爺爺家裡住過幾個月。

　　趙中華：他小時候都跟你們住在一起嗎？

　　案主：他爸爸在他五六歲的時候到外地工作，一直到他十三四歲的時候才回來。

　　趙中華：在這段時間裡，就你們兩個人一起生活，（面對案主兒子問）是這樣嗎？

　　案主兒子：不是的。

　　趙中華：那是什麼樣子？請你說一下。

　　案主兒子：在我的記憶中，媽媽曾經送我去寄宿學校一段時間，然後再把我送到爺爺家很長一段時間。

　　趙中華：那是在你幾歲時？

　　案主兒子：大概是在我小學四五年級的時候吧！

　　趙中華：妳看親情中斷對人的影響有多大！妳都不記得

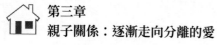
了，他還記得，這說明這件事對孩子的影響頗深，童年的親情中斷對孩子的影響是很大的。

案主：他說的這個事情，我真的差不多忘了，就是在他四五年級的時候，將他送去寄宿學校一段時間。

趙中華：（問案主兒子）當你被送到寄宿學校，爸爸也不在家，你是什麼感受？

案主兒子：我爸爸剛到外地工作的時候，我非常想念爸爸，後來就變成恨我爸了，同時覺得媽媽對我的這種教育方式，讓我感覺非常壓抑。

趙中華：為什麼恨爸爸？

案主兒子：我恨爸爸為什麼不陪在我身邊？他為什麼要離開我？為什麼要到那麼遠的地方工作那麼長時間？

趙中華：你覺得孤單。那你覺得媽媽帶給你的壓抑表現在哪方面？

案主兒子：在身體和心理上都有。

趙中華：在身體上也有？

案主兒子：媽媽會把我關在家裡，不讓我跟同學玩，我必須一回家就念書。

趙中華：你今年多大？

案主兒子：我今年 18 歲了。

趙中華：冒昧地問一句，你的憂鬱症是什麼時候開始

的？方便說嗎？

案主兒子：在國一的時候，藥物治療了很長時間。

趙中華：罹患憂鬱症之前，發生了什麼事？

案主兒子：憂鬱症之前，爸媽在鬧離婚，還有校園霸凌。

趙中華：那今天的目標到底是什麼？

案主：我希望能放下一些東西，不再那麼焦慮。

案主兒子：我想問一下，這是妳想要的，還是妳認為這是我想要的？妳煮菜或者燉肉，都會說這個有營養多吃一些，為什麼總是讓我吃這些？我身體很好，又不運動，為什麼要吃那麼多肉？

趙中華：你的意思是說，媽媽過去給了你所謂的愛，都是她自己的想法，並沒有尊重你的想法，是這個意思嗎？

案主兒子：不是這個意思，我想說的是，她心裡想要做一些事情，想表達的一些想法，她在我身上投射出來的，其實是她自己真正想要的。

趙中華：她想讓你去滿足她的期待，滿足她的需求，是這個意思嗎？

案主兒子：也不是，我的意思是，我更希望她能讓自己心裡想要的需求得到滿足，她能夠自己選擇自己喜歡做的事情，去吃自己想吃的東西，去做自己想做的事情，不要總是關注我，不要把希望放在我身上，她應該多關注自己一些。

趙中華：聽懂了嗎？妳兒子希望妳多愛自己，我也能感覺得到妳臉上寫了一個字——累。

案主：我確實覺得累，也希望自己能放鬆下來。

趙中華：請妳站起來，閉上眼睛。想像未來的自己是一個開心的自己，快樂的自己，不這麼累的自己，請用一個身體姿勢，表達出未來那個開心快樂的樣子。

好，就是這個姿勢，這個姿勢就代表開心的妳，已經放鬆的妳。

好，我們把手放下來，再去重複做這個動作，很好，再繼續做，很好。如果妳感覺需要有個人支持自己，妳希望是誰？誰能幫助妳？

案主：觀音菩薩。

趙中華：想像觀音菩薩出現在妳正前方，然後不停地做這個動作。

**老師帶著案主一起說**

觀音菩薩，46 年了，我都感覺自己好累，無法放鬆，我現在想要放鬆，想要獲得力量。

趙中華：想像觀音菩薩用那個瓶子，將雨露灑向妳的頭頂，慢慢吸氣，把這種放鬆的感覺吸進妳的身體。對，很好，繼續保持這個姿勢。

對，記住這種感覺，雨露灑向妳的全身，透過髮絲進入

身體，進入到妳身體每一個僵硬的地方，做得很好，繼續保持這個姿勢。

最後再來一次，保持這個姿勢不要動。好，記住這個姿勢，以後一旦出現緊張和焦慮的時候，就擺出這個姿勢，閉上眼睛，妳瞬間就能讓自己處於一種放鬆的狀態。記住這個姿勢，以及妳身體的每一種感受，這個姿勢就是觀音菩薩給妳的力量，讓妳能夠放鬆。

無論遇到任何挑戰，不管是孩子的問題、老公的問題、事業的問題、財富的問題、人生的問題，只要妳擁有這個動作，就能獲取無窮的力量。若是用一個動作代表愛自己，妳希望用什麼樣的動作？好，抱住自己跟我說。

**老師帶著案主一起說**

我看到妳了，我感覺到妳了，我愛妳，謝謝妳！

趙中華：帶著這種感覺，慢慢睜開眼睛回到現在。妳坐下來，請問現在有什麼感受？

案主：放鬆一點了。

趙中華：我們看看妳的原生家庭。

● 排列呈現

（引入爸爸代表、媽媽代表、姊姊代表、妹妹代表、弟弟代表、案主代表）

趙中華：大家跟著感覺移動一下（見圖 3-8）。

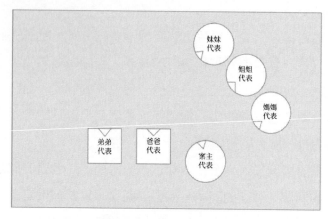

圖 3-8 各位代表排列呈現

趙中華：妳現在是什麼感受？

案主：我覺得這種排列和我原生家庭差不多。

趙中華：媽媽代表有什麼感受？

媽媽代表：我不喜歡她爸爸，不想和她爸爸站在一起。

趙中華：妳很想靠近爸爸，爸爸去世的時候，妳在幹嘛？

案主：爸爸去世時，我們全家都在醫院。我心裡一直相當痛苦，因為爸爸為我付出很多，他為我操心，不論是工作還是生活，他都為我操心。我老公曾經要和我離婚，是我爸爸出面調解的。

趙中華：我們要做一個和妳爸爸告別的儀式，因為妳對

爸爸的感情很深。妳對老公的要求高嗎？

案主：剛結婚時，我確實對他要求高。

趙中華：當妳對爸爸有情感需求，就會對妳老公提出要求。我們來做一個告別吧！

**老師帶著案主一起說**

爸爸，很感謝你，是你鼓勵我好好讀書，我做到了。在我最迷茫的時候，遇到困難的時候，你總是幫助我，替我想辦法解決問題。爸爸，謝謝你！爸爸，我愛你！我很想你，同時我也覺得自己又累又辛苦，我沒有辦法當一個完美的女人。爸爸，我沒辦法當你理想中的女兒。對不起，我只能做自己，請原諒我，爸爸，我愛你！

趙中華：妳是一個典型的、想做完美女人的人，為什麼對兒子也要追求完美？這來自妳對自己追求完美，爸爸對妳要求很高，希望妳學習成績好，妳如願考上了好學校。所以妳是在高壓下長大的孩子。說完這些，妳有什麼不一樣的感受？

案主：說了我想對爸爸說的話。

趙中華：當妳說沒辦法當完美女兒的時候，感覺怎麼樣？

案主：我確實不完美，我對兒子的要求太高了。

趙中華：妳知道為什麼會對兒子要求高嗎？因為妳不接受自己。妳不允許自己犯錯，也不允許自己不好，所以妳就去要求兒子。

案主：是的，我對不起兒子。

趙中華：和媽媽說幾句話。

**老師帶著案主一起說**

媽媽，謝謝妳當我的媽媽，同時，我也沒辦法成為一個完美的女兒，我不完美，希望妳能接受不完美的女兒，可以嗎？謝謝媽媽！

趙中華：和媽媽擁抱一下，媽媽也是挺愛妳的。再說說妳自己。

案主：我之前很累、很辛苦，我這麼堅強，是因為我必須堅強，因為我就是一個人帶孩子，沒有任何人幫忙。我覺得自己累，但是我看著孩子一天天長大，也是十分開心的。

趙中華：妳曾經犯過錯，曾經對兒子動過手，妳是不完美的。其實妳內心有無數個聲音都在罵自己，埋怨自己怎麼是這個樣子，為什麼對孩子這麼凶、這麼狠？妳為什麼對孩子期望這麼高？因為妳把自己所有的期望都轉給了他。

內疚是無法解決問題的，要把內疚變成力量。妳真正要接受的是自己的不完美，接受了自己的不完美，就能接受孩子。

所以妳的兒子才告訴妳，媽媽妳要愛自己。妳要和不完美的自己和解。

### 老師帶著案主一起說

我不夠完美，也犯過許多錯，我也請妳接納我，可以嗎？

趙中華：閉上眼睛，想像那個犯錯的妳在向妳靠近，妳們擁抱在一起。

案主兒子：我是她的兒子，是她生命的延續，我就是她，她也就是我。因此她真正要擁抱的是我，和我擁抱就是真正和我和解，就是和她自己和解。

趙中華：要記住，你只是她的兒子，你想去救媽媽是很難的，人只能自己救自己。她就是你，你就是她，這是你的想法，你們是兩個人。當然，你確實是她的兒子，可是現在她要接納的是她自己。我知道你很愛媽媽，但她現在需要接納的，是她過去做的事情，否則她會一直罵自己。現在我要告訴你，你永遠沒辦法去做媽媽，媽媽也沒辦法去做你。

你是你，她是她，你也沒辦法代替媽媽受苦，媽媽也沒辦法代替你受苦，明白嗎？

（對案主說）閉上眼睛，繼續，張開雙手，慢慢地靠近那個犯錯的自己。想像這個犯了錯的自己、不完美的自己，有兒子的祝福，有老公的祝福，有爸爸的祝福，跟我一起說。

## 老師帶著案主一起說

我犯了不少錯，我也不完美，請妳接納我，請妳接受我。謝謝妳，我愛妳。

趙中華：妳確實受了許多委屈，所以多接納自己的不足，多愛自己。

現在妳應該找到答案了，妳的目標是如何讓自己不那麼焦慮，而不那麼焦慮的唯一的辦法，就是接受那個不完美的自己，妳不接受就會焦慮，包括妳的失眠也是一樣，失眠的核心是有一個不想睡覺的自己。

要知道妳不是神，只是個人，明白了嗎？每個人都會犯錯，妳要去接受、去面對。下面處理妳和孩子之間的關係。

（對案主兒子說）你希望我幫你做些什麼？

案主兒子：我想請您幫我療癒。

趙中華：療癒什麼？

案主兒子：我覺得我也有問題。

趙中華：我問你一個問題，假設你不救媽媽，不救爸爸，也不救世界上任何一個人了，請問誰來救你？

案主兒子：我救我自己。

趙中華：答對了，你說在學校被人霸凌，被人欺負，我又何嘗不是呢？誰都有痛苦，我們長大了，只能自己療癒自己。

案主兒子：我不知道如何和別人建立關係，我不知道如何和別人相處。

趙中華：你最需要的是，接納那個不會相處的自己。倘若不接納不會相處的自己，問題就出現了。憂鬱症、焦慮症、強迫症……這些問題是怎麼產生的？因為你內心有兩個我，一個是現在的我，一個是理想中的我。譬如我想讓憂鬱症好轉，但為什麼達不成自己的目標呢？這個障礙就是這兩個我一直在打架。我想要讓憂鬱症好轉，但我就是很焦慮；我想更愛自己，但我經常罵自己。你想讓自己變得更輕鬆，想要跟更多人建立關係，可是你覺得大家都不喜歡你。

所以真正的問題，來自內在的和解，明白了嗎？為什麼我要請一個代表來代表你，然後讓你們兩個人擁抱，就是因為許多問題都來自你內在的兩個自己在打架，然後就出現了矛盾、糾纏、憂鬱、焦慮、酗酒、自殺，這些都是內在的兩個自己打架的後果。我想要讓自己快樂，卻笑不出來；我想讓自己賺大錢，卻不敢向別人銷售。如果不療癒，他們會鬥爭一輩子。

我們去選一個代表，代表不會交朋友、憂鬱的你，今天和他和解一下（見圖 3-9）。

## ● 排列呈現

（引入憂鬱的兒子代表）

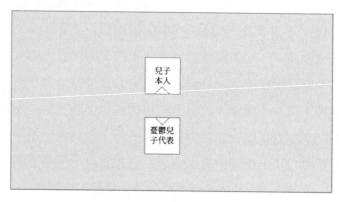

圖 3-9 各位代表排列呈現

趙中華：我們一起說幾句話。

**老師帶著案主兒子一起說**

　　我曾經不懂與人交往，不懂得與人相處，我不自信，現在我想和你和解。我想原諒你了，雖然你有時候不會溝通，不會交朋友，甚至你在學校受到霸凌。不過今天我準備和你和解，即使你有憂鬱症，我也愛你；即使你被霸凌，我也愛你。因為我知道我長大了，可以用 18 歲的自己來滋養你，來愛你，讓我們回家吧！

　　你閉上眼睛，張開雙手，感受到真的有一個人，在這一刻真正地去接納他，不再埋怨他不夠好，總是自我否定，你

要去接受那個不完美的自己。

慢慢往前走，感受到那個受到很多傷的自己正在不斷靠近、再靠近，最後和解。你們擁抱一下。

### 老師帶著不完美的案主兒子代表一起說

謝謝你，謝謝你接納我，謝謝你和我和解，謝謝你，我終於回家了，我不再流浪，不再孤獨了。

### 老師帶著案主兒子一起說

我終於感受到你了，謝謝，我愛你。你有不少傷痛，很不容易，我接你回家，對不起，讓你受傷，讓你受委屈了。從今天開始，讓我來好好愛你，讓我來好好療癒你。

趙中華：（對案主說）平常做什麼事能讓自己放鬆？妳放鬆的方式是什麼？

案主：我喜歡運動，做健身操。

趙中華：出一個作業給妳，跳完健身操之後，做那個放鬆的動作。

張開雙手，然後放在自己的胸口，感受妳的手就像摸到一隻小狗或者一隻寵物一樣，摸著那個不太完美的自己，感受她出現在妳的胸口，輕輕地摸著她，然後用一個呼吸慢慢地待在這個地方，對自己說：「我看見妳了，我感覺到妳了，我接納妳，我愛妳，即便妳不完美，我也愛妳，因為我

長大了。」每天做三分鐘，能做到嗎？

案主：可以。

趙中華：我看妳已經有笑容了。

案主：是的，我現在感覺輕鬆多了。

趙中華：（對案主兒子說）如果用一個身體姿勢代表你有力量，你希望用什麼樣的身體姿勢代表自己是有力量的？保持這個姿勢，記住這個姿勢，以後當人生遇到任何挑戰，這個姿勢都能幫助你提升力量，閉上眼睛，想像有一股力量，從頭頂穿過身體，穿過肩膀，然後進入身體，讓你可以面對任何挑戰。

你的作業是把手放在胸口，第一句話是我看見你了，第二句話是我感受到你了，第三句話是我接納你，第四句話是我愛你。每天都要對自己說，說完擺出有力量的姿勢，這個姿勢不是讓你去攻擊，而是面對困難的態度，讓你能夠穿越黑暗。

案主兒子：我記住了，謝謝老師。

### 趙中華洞見

這是一個非常典型的親子個案，媽媽的愛非常「滿」，可孩子卻憂鬱了。在我接觸的個案中，每當聽到媽媽說孩子是她的一切時，我就知道這個媽媽沒有自我，這樣的媽媽教育出來的孩子，會出現兩個極端，要麼很叛逆，不管爸爸

媽媽讓他做什麼，他都唱反調，孩子要讓自己的壓抑被父母看見，同時也想做自己；要麼非常軟弱，沒有主見，沉迷遊戲，嚴重的就是憂鬱，甚至自殘。

所以家長沒有意識到，是自己的缺乏自我，才會去操控孩子，沒有真正地看見，才是問題的根源。心理療癒師就是幫助案主看見，讓案主從糾纏的愛轉向流動的愛。

## ■童年的委屈會轉移到孩子身上

案主：女士，32 歲，改善與女兒的關係。

趙中華：妳想做什麼主題？

案主：我總是打罵女兒，心裡覺得虧欠她。

趙中華：先講講原生家庭，妳有幾個兄弟姊妹？

案主：我是被收養的，在我現在的家裡有一個哥哥。

趙中華：妳和養父母關係怎麼樣？

案主：我和養母關係還可以，和養父關係不好。

趙中華：妳和親生父母有聯繫嗎？知道親生父母家的情況嗎？

案主：有聯繫，那邊家裡有一個哥哥、一個姊姊。

趙中華：妳是幾歲被送到養母家的？

案主：6 個月大的時候，當年我親生母親因為觸電，意外去世了。

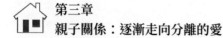

趙中華：形容一下妳的養母。

案主：我養母很善良，非常勤勞，善於與人溝通，人際關係不錯，因為她常年在外做生意，我和她接觸不多，關係比較疏離。

趙中華：再形容一下妳養父。

案主：我養父好吃懶做，脾氣暴躁。從小時候開始，我家就一直是養母賺錢養家，養父成天在家喝酒，還總是和養母打架，有時還會家暴，但他沒打過我。

趙中華：在成長過程中，有什麼記憶深刻的事情嗎？

案主：我小時候很想回親生父母家去玩，養父不讓我去。偶爾回去了也不開心，因為鄰居們會對我說，我親生媽媽死得早，我很可憐。聽到這樣的話，我就會哭，覺得心裡委屈、難過。

趙中華：因為妳年紀小，所以會感到無助。妳想到親生媽媽有什麼感受？

案主：我會感到遺憾和難過，我連親生母親長什麼樣子都不知道，我沒有她的照片，我問過姑姑想要媽媽的身分證，但她說燒掉了。姑姑對我說，我媽懷孕的時候說過，如果生女兒的話，她就把女兒送出去，如果是兒子就自己養。

趙中華：妳覺得因為自己是女孩才被送出去，所以不能接受自己是女孩的這個身分。妳姑姑和妳說這件事已經過去

二十幾年了，妳還記得這麼清楚，說明這件事對妳影響很大，最後妳把這種情緒轉移到女兒身上，妳也不能接受她是女孩。妳親生爸爸還在嗎？

案主：還在。

趙中華：妳有幾個孩子？

案主：兩個，女兒 8 歲，兒子 3 歲。

趙中華：妳和老公關係怎麼樣？

案主：以前關係不好，現在關係好一些了。

趙中華：妳和女兒的關係怎麼樣？

案主：關係不好，女兒和爸爸關係好。

趙中華：妳和兒子的關係呢？

案主：我和兒子關係很好，兒子和他爸爸關係普通。

趙中華：妳今天是想改善和女兒的關係，對吧？

案主：對，我希望以後在女兒犯錯時，我不再發脾氣，也希望在生活中能開心一點。

趙中華：我們要先處理一下妳和親生父母的關係，我們先看看排列。

● 排列呈現

（引入爸爸代表、媽媽代表、哥哥代表、姊姊代表、案主代表）

趙中華：大家跟著感覺移動一下（見圖 3-10）。

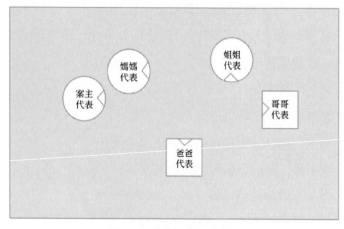

圖 3-10 各位代表排列呈現

趙中華：有什麼感受？

姊姊代表：我就想站在這裡，不想動。

哥哥代表：我也是這個感覺，不想動，有一種無力感。

爸爸代表：我就想看著他們。

案主代表：我想靠著媽媽，讓媽媽保護我。

趙中華：妳想靠著媽媽，但媽媽已經因為意外去世了。
（讓媽媽代表躺下）現在大家再根據感覺排列一下（見圖
3-11）。

## ● 排列呈現

（媽媽代表躺下）

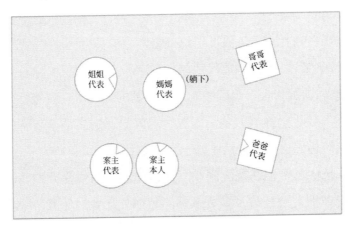

圖 3-11 各位代表排列呈現

趙中華：妳看親生媽媽去世對這個家影響很大，剛才站著的時候大家排列的樣子，和躺下後排列的樣子變化相當大。所以，當年在大家都沒有心理準備時，妳媽媽去世了，家庭發生巨大變化，當年是誰要把妳送給別人？

案主：是爸爸要把我送走的，養父母告訴我說，是爸爸要把我送到他們家的。

趙中華：對一個 6 個月大的孩子來說，這是一件大事。現在妳嘗試回到小時候，感覺自己很需要媽媽，卻連一張媽媽的照片都沒有，妳慢慢接近媽媽，有什麼話對媽媽說嗎？妳和我一起說。

第三章
親子關係：逐漸走向分離的愛

## 老師帶著案主一起說

媽媽，在我最需要妳的時候，妳不在了，我很想妳，很需要妳，妳卻連一張照片都沒有留給我。謝謝妳給予我生命，現在我長大了，終於可以來看妳了。

趙中華：（對媽媽代表說）聽到女兒這樣說，妳有什麼感覺？ 媽媽代表：媽媽愛妳，在媽媽的心裡，一直覺得對不起妳，我希望妳勇敢地活下去，過好自己的生活，我相信妳一定能過好自己的生活，妳一定能做到的。

趙中華：現在閉上眼睛，然後想想小時候受人欺負時，或者被別人冤枉時，需要媽媽的時候，妳會說什麼？跟我一起說。

## 老師帶著案主一起說

媽媽，妳在哪裡？我需要妳，我想妳了，媽媽，我愛妳，我需要妳。

趙中華：和媽媽擁抱一下，這個擁抱已經等了 30 多年，這是親情中斷，是一種感情缺失！好好感受一下媽媽的擁抱，感覺自己變成那個 6 個月大的小嬰兒，現在妳不再孤單，也不再寂寞了，妳終於回到媽媽的懷抱，妳不再不開心，今天終於找到媽媽了。

媽媽代表：媽媽一直都在，妳身體的每一個部分都代表著我，我每天都在天上看著妳，媽媽愛妳，寶貝。

趙中華：閉上眼睛，往後退，每退一步就代表妳長大 10 歲，一直退到 32 歲。現在面對媽媽說。

### 老師帶著案主一起說

媽媽，謝謝妳。如今我長大了，不再是那個 6 個月大的孩子，我已經成人了。我沒讓妳失望，現在擁有兩個孩子，我會帶著妳的愛和祝福好好生活，並將愛和祝福傳承下去，請允許我用這樣的方式表達對妳的愛，我會快樂地生活下去，謝謝妳，媽媽。

趙中華：向媽媽鞠躬，現在告別媽媽，我們要開啟一段新的人生。

媽媽代表：女兒，妳很勇敢，也很堅強，妳能夠過好自己的生活，我相信妳有這個能力，相信妳會把人生過得很好，加油，努力向前走。媽媽永遠愛妳，在我心裡，妳是我最寶貝的女兒。

趙中華：我相信妳也想對媽媽表達妳的感恩，妳可以以媽媽的名義種一棵銀杏樹。爸爸代表有什麼話要說？

### 老師帶著爸爸代表一起說

女兒，對不起，爸爸做了一個錯誤的決定，我也很無奈，給妳造成這麼大的傷害。對不起，但是爸爸也是愛妳的。

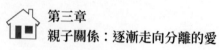

趙中華：猜想爸爸也有他的難處，可能因為還要帶兩個孩子，每個人都有自己的苦衷，把妳送走這個決定是不對的，不過爸爸一定是愛妳的。

**老師帶著案主一起說**

爸爸，我理解你，以及你當時的處境，你是沒有辦法才把我送出去的。

案主：爸爸，我是女孩，你還愛我嗎？

爸爸代表：女兒，我一直愛妳。

案主：爸爸，我是個女孩，不是兒子，我只是你的女兒，你還愛我嗎？

爸爸代表：我還是愛妳。

案主：謝謝你，爸爸。

趙中華：和爸爸擁抱一下。妳長時間的不快樂，可能和妳不認同自己是女孩有關。現在排列一下妳自己的家。

● 排列呈現

（引入老公代表、兒子代表、女兒代表、案主代表）

趙中華：大家跟著感覺移動一下（見圖3-12）。

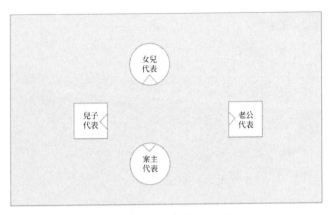

圖 3-12 各位代表排列呈現

趙中華：從排列上看，女兒和妳確實比較疏遠，她一直躲著妳。（對女兒代表說）妳看到媽媽有什麼感覺？

女兒代表：她一直在追我，我不想跟她靠近，我有點怕她。

案主代表：我好像有怒氣要向她發。

趙中華：妳的怒氣來自妳不認同自己是女孩的這個身分，現在妳把這種怒氣轉移到女兒身上了。

老公代表：我覺得這個家需要我來管。

趙中華：在家裡妳和老公誰更強勢？

案主：都強勢，所以我們兩個經常有衝突。

趙中華：妳小時候，誰經常對妳發脾氣？

案主：養父。

趙中華：那我們請一個養父代表（見圖 3-13）。

## ● 排列呈現

（引入養父代表）

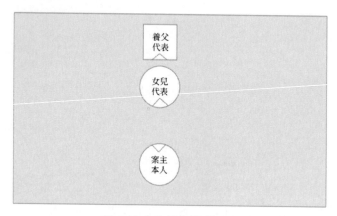

圖 3-13 各位代表排列呈現

趙中華：妳把小時候受到的委屈，都轉移到女兒身上了。

**老師帶著女兒代表一起說**

妳是我的媽媽，我是妳的女兒，我不是妳的養父，媽媽，我救不了妳，所以媽媽對不起，我做不到。

趙中華：當女兒覺察到妳的負面情緒，她在承受的同時也會想拯救妳，因為她愛妳。可是身為女兒，她是不可能拯救妳的，真正能拯救妳的還是妳自己，妳心中的創傷要靠自己去療癒。

現在妳放鬆，閉上眼睛，回到小時候。回憶妳和養父之

間發生的不愉快的事情，感覺一下這些不愉快的情緒在妳身體的哪個部位，把手慢慢放在這個部位，妳一邊撫摸這個部位一邊說：「受傷的我，我看見妳了，我看見了受傷的妳，我也感覺到妳的痛苦，妳承受了很多，謝謝妳用這樣的方式提醒我，謝謝。」

如果用一個姿勢代表愛自己，愛這個受傷的自己，妳想用什麼樣的姿勢？然後妳慢慢地用這個姿勢，感覺有一束光從頭頂進入大腦，穿過身體，進入這個受傷的地方，就像蓮花一樣，在裡面慢慢開始開花。妳對受傷的自己說：「我愛妳，如今我長大了，已經 32 歲了，妳受了很多傷害，受了很多委屈，也經受了許多挑戰。今天我想讓一個人來愛妳，那個人就是我，讓我來安慰妳，讓我將愛帶給妳。」

感受一下，然後吸一口氣，把這個呼吸帶到受傷的位置，感覺療癒開始發生，感覺裡面的內臟有些不同，感覺像抱著一個嬰兒一樣抱著她，在妳的身體裡面，讓她不再孤單，讓她不再寂寞，讓她有一個歸宿。妳的負面情緒就在這裡，倘若妳能看見她，就能療癒她；倘若無法看見她，她就一直都在這裡。

如果用一個身體姿勢代表妳未來很快樂，妳會用什麼姿勢？做出來，露出妳的笑容，記住這種感覺，記住這個姿勢，這個姿勢就代表了快樂幸福都會屬於妳，然後再抱住自

己說：「我愛妳，謝謝妳。」好，我們睜開眼睛。

案主：我找到了媽媽的愛，就好像找到了根，感覺心裡十分滿足，好像也找到了快樂。

趙中華：記住這個快樂的姿勢，永遠記住這個姿勢。

案主：剛才聽到爸爸代表的那些話，心裡舒服多了，也能理解他了。

趙中華：出一個作業給妳，堅持 42 天，每天聽音樂，尤其是當妳感覺情緒來了，就放這個音樂，並且做讓自己快樂的那個姿勢。42 天之後，妳會發現自己跟以前不一樣了，妳會遇見一個全新的自己。

## 趙中華洞見

案主從小就離開了親生父母，到了養父養母家，在她的內心一直想連結自己的親生父母，這份情感缺失對她本人來說影響是非常大的。父母把孩子送給別人也許有眾多不得已的原因，但給孩子造成的創傷卻是一輩子無法癒合的。站在系統的角度來看，親生父母給了我們三個生命禮物，一是給了我們生命；二是給了我們性別；三是給了我們家族的位置。所以去連結親生父母就是連結自己生命的源頭，以及連結家族歷代祖先的力量與愛。

## ■學會表達父愛

案主：男士，45 歲，希望改善與兒子的關係。

趙中華：你想做什麼主題？

案主：我想走進兒子的心裡，改善父子之間的關係。

趙中華：改善到什麼程度？

案主：能夠正常溝通、交流，他能向我表達想法和感受。

趙中華：目前你們是什麼樣的狀態呢？

案主：目前我們一年多基本不說話、不交流，我發的訊息他幾乎不回。我回家時，他就把房門鎖起來。

趙中華：你兒子多大了？

案主：17 歲。

趙中華：你們之間發生了什麼事？為什麼會發展到現在的程度？

案主：西元 2020 年 8 月，他不想讀書，我就把他送到一所管理嚴格的寄宿學校。

趙中華：他怎麼看待這件事？他恨你們嗎？

案主：他恨我。

趙中華：小時候打過他嗎？

案主：小時候沒打過，為了玩手機的事，打過他兩次。

趙中華：你有幾個兄弟姊妹？

案主：我有一個哥哥。

趙中華：說說你父母是怎樣的人？

案主：我爸爸賭錢，說話尖刻，不留情面給別人，說話都是否定別人，對我們兄弟也很嚴厲，我們小時候經常挨打，通常是被吊起來打。我媽媽很樂觀，也很能幹，很老實，是家裡的棟梁。

趙中華：你父母關係怎麼樣？

案主：離婚了，但沒離家，還在一起生活。我現在覺得，也許這就是他們最好的生活狀態，是他們自己選擇的一種生活狀態。

趙中華：你說一些童年時記憶深刻的事。

案主：大概 10 歲時，家裡開店，我哥從店裡拿了 100 元，我們一起把錢藏在牆縫裡，後來哥哥讓我從牆縫裡將錢拿回來，在拿錢時被爸爸發現了，爸爸就打我，最後還把我打暈。我當時覺得自己很冤枉，因為從店裡拿錢的不是我，是哥哥，我卻被打了一頓。

趙中華：你想到這件事是什麼感受？

案主：我感覺自己很冤枉，也覺得憤怒和無助。

趙中華：我們排列一下看看。

## ● 排列呈現

（引入爸爸代表、媽媽代表、哥哥代表、案主代表）

趙中華：大家跟著感覺移動一下（見圖 3-14）。

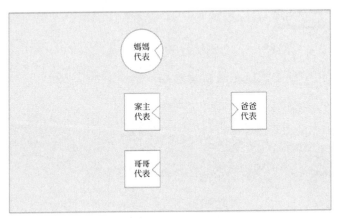

圖 3-14 各位代表排列呈現

趙中華：從排列上看，你非常怕爸爸，你看到他就開始向後退。其他人有什麼感覺？

哥哥代表：我喜歡和弟弟在一起，我也怕爸爸。

媽媽代表：我想保護兩個兒子，可是心有餘而力不足。

爸爸代表：我覺得自己很孤單，因為他們三個人站在一起。

趙中華：（問案主）當你聽到爸爸說他孤單的時候，是什麼感覺？

案主：我覺得他也確實孤單。

趙中華：你的爺爺奶奶是做什麼的？

案主：爺爺是做生意的，奶奶是家庭主婦。

趙中華：我們排列一下看看。

### ● 排列呈現

（引入爺爺代表、奶奶代表）

趙中華：大家跟著感覺移動一下（見圖3-15）。

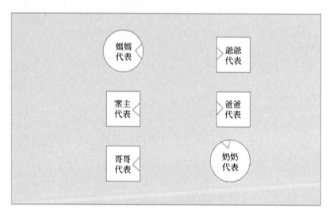

圖3-15 各位代表排列呈現

趙中華：奶奶有什麼感受？

奶奶代表：我感覺心裡有點慌。

趙中華：你了解過爸爸是怎麼成長的嗎？

案主：稍微了解一點。

趙中華：我建議你有機會時去了解一下。我以前曾經特地跑到我姑姑家，聊了兩個小時，就聊我爸是怎麼長大的。

我爸很小的時候，他姊姊才 12 歲，我奶奶就去世了，我爸能活著就很不容易了，我一下理解了我爸爸。你有什麼要對爸爸說的嗎？

案主：我希望家裡能夠融洽一些。

趙中華：（對爸爸代表說）你有什麼話想對兒子說嗎？

爸爸代表：他總是躲著我，我覺得自己說了可能也沒什麼作用。

趙中華：哥哥和媽媽有什麼想對爸爸說嗎？

哥哥代表：希望爸爸不要太凶。

媽媽代表：我想說以後對兒子多點關心，多點寬容。

趙中華：（對爸爸代表）跟著我說幾句話。

**老師帶著爸爸代表一起說**

兒子，爸爸很孤單，也很寂寞。

趙中華：你拿錢挨打這件事，是童年一個未了結的事件，它一直停留在心裡，會對你現在的家庭有影響，我們今天就做一下了結。

你再現一下當年的情景，你是怎麼去拿錢，哥哥在什麼位置，爸爸在什麼位置，你看一下哥哥和爸爸，有什麼感覺？

案主：我覺得自己當時是冤枉的，我很憤怒。

趙中華：你和我一起說。

第三章
親子關係：逐漸走向分離的愛

**老師帶著案主一起說**

爸爸，我很憤怒。我很怕你，同時也很愛你，可是這件事對我造成了很大的傷害，你不信任我，明明是哥哥做的，你卻認為是我做的，我是被動的，你冤枉我了。

趙中華：你的聲音不大，說明你畏懼爸爸，不敢表達自己的憤怒。要是憤怒不表達出來，你的孩子和家人就是受害者，他們將是你憤怒的出口，所以你一定要把憤怒表達出來。現在閉上眼，每往前走一步，就小 10 歲。你往前走，回到 10 歲的時候，想像你的憤怒從身體的四面八方集中在手裡的枕頭，然後把枕頭狠狠地摔在椅子上，一邊摔一邊說：「我討厭你，為什麼冤枉我？」

趙中華：（對爸爸代表說）當你看到這件事情對孩子造成這麼大的傷害，你有什麼想說的？

爸爸代表：爸爸對不起你，冤枉了你，還把脾氣發到你身上是不對的。爸爸小時候也有創傷。爸爸對不起你，傷害了你，不過爸爸心裡還是愛著你的，希望你能原諒爸爸。

**老師帶著爸爸代表一起說**

兒子，這件事是爸爸冤枉了你，對不起，我錯了，但這並不代表我不愛你，爸爸還是很愛你的。

趙中華：你特別渴望爸爸和你說句什麼話？

案主：孩子，你是不錯的。

爸爸代表：兒子，你是不錯的。兒子，你是不錯的。

趙中華：哥哥有什麼要說的？

哥哥代表：弟弟，我覺得十分內疚，你沒有告訴爸爸拿錢的人是我，我相當感激。這麼多年來，你背負了很多，我對你是有虧欠的，謝謝你，弟弟，這件事讓你承受了很多，我應該站出來，因為我是哥哥，對不起！

趙中華：我們來排列一下你現在的家庭。

## ● 排列呈現

（引入案主代表、老婆代表、兒子代表）

趙中華：大家跟著感覺移動一下（見圖 3-16）。

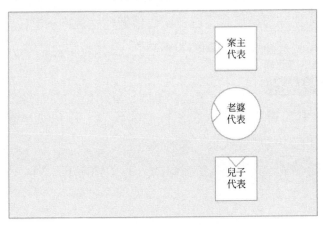

圖 3-16 各位代表排列呈現

趙中華：你兒子從小和媽媽的關係怎麼樣？你們夫妻之間關係怎麼樣？

案主：都還好。

趙中華：從排列上看，你們夫妻是愛而不親的那種，我認為你們的關係有待提升。你孩子和媽媽在一起還是很高興的，媽媽動一下，孩子也要動一下。

案主代表：我很想透過老婆接近我兒子。

老婆代表：我一直想接近老公。

兒子代表：我很想靠近媽媽，我覺得媽媽特別溫暖。

趙中華：你和兒子關係的重點是態度。有人說：「趙老師，我的態度很好呀！可是為什麼沒用呢？」其實這要看效果，才能知道態度是否好。比如你把他送到寄宿學校，這對孩子來說是種傷害，即便你態度好，結果也不會好。

### ● 排列呈現

（引入寄宿學校代表、打他的代表、你和孩子關係代表、你以後的態度代表、溝通代表）

趙中華：大家跟著感覺移動一下（見圖 3-17）。

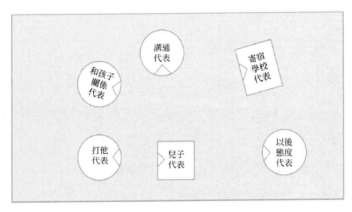

圖 3-17 各位代表排列呈現

趙中華：從排列上看，兒子認為你的態度還不夠。態度代表跟著他走，可是他都躲開了，另外打人這件事情對他影響很大，他直接往打人代表那邊走。

兒子代表：我就是不喜歡這麼多人跟著我，我想一個人待著。

趙中華：從排列上看，你只有態度和道歉都不夠。他這麼多年來，一直都在你和他媽媽的掌控下生活，無法做自己，他感覺非常壓抑，一旦做回自己，他就會好起來。

兒子代表：我覺得只有做回自己，內心才會有安全感。我現在有一種恐懼感，感到相當無助。我不想和爸爸溝通，感覺和他不知道要說什麼。

趙中華：你渴望爸爸的愛嗎？

兒子代表：渴望。

趙中華：你跟著我說。

## 老師帶著兒子代表一起說

爸爸，我渴望你的愛，可是我又不知道如何去接受你的愛，我沒辦法走近你，我覺得我看到你很害怕。

趙中華：（對案主說）你有什麼想說的？

案主：我想說，我一直在奮鬥，一直在改變自己，我也很孤獨，我也很痛苦，為了讓家人生活得更好，我比任何人都努力。

趙中華：（對兒子代表說）當你聽到爸爸這麼說，你有什麼感覺？

兒子代表：剛開始我是沒感覺的，可是後面聽爸爸說，他不想讓我們過得那麼苦，然後就覺得自己的手不涼了。

趙中華：這就是溝通，溝通最重要的就是分享自己的脆弱和需求。有許多人都不願意表達自己的脆弱和需求，好的溝通就是分享自己的脆弱和需求，你表達出來，兒子的手就鬆開了，這就是溝通。

## 老師帶著兒子代表一起說

爸爸，我看到了你的辛苦，同時你愛我的方式，對我造成了傷害。

### 老師帶著案主一起說

兒子，爸爸愛你，但爸爸愛你的方式不對，是我傷害了你，對不起，我錯了。我不乞求原諒，只是想表達出來，孩子，謝謝你。

趙中華：你和孩子之間肯定還有一段路要走，不過這是一個好的開始。剛才我也留意到你說的那些話，你想告訴兒子你的辛苦，還有一些話你是說給你爸爸聽的。你不能要求孩子完全理解你，你想讓別人認可你，但他是孩子，無法滿足你的這個需求。就像是我爸爸三歲就沒了媽媽，他想要媽媽，我給不了他。

### 老師帶著兒子代表一起說

我只是你的孩子，不是你的爸爸。爸爸，我愛你，我一直都有在接受你，只是你沒看見，我不能活成你想要的樣子，我做不到，只能做自己。爸爸我只是你的兒子，不是你的附屬品。

趙中華：你要明白，孩子不是你的附屬品，他只是孩子。

兒子代表：我希望看到你們幸福，希望你們過真實的生活。

趙中華：你別活在夢幻裡面，要過真實的生活。和孩子多表達愛，和孩子擁抱一下。

案主：我心裡感覺好多了，也明白了許多道理，謝謝老師。

第三章
親子關係：逐漸走向分離的愛

## 趙中華洞見

　　案主想解決親子關係，他和孩子的關係已經鬧僵了，一年來沒有太多交流，說明案主與孩子之間有很多的不良情緒，特別是案主送孩子去寄宿學校，對孩子造成了相當大的傷害。

　　雖然父母愛孩子，孩子也愛父母，可是他們之間都缺乏對愛的表達。而案主為什麼缺乏表達愛的能力呢？原因來自他的父親從小對待他的態度，他的父親冤枉他，並將他打暈這件事，對他影響非常大，以至於影響到案主現在的家庭生活。所以案主的問題表面上是親子關係的問題，其實背後是案主和原生家庭糾纏的問題，只有看到了問題的源頭，才能找到問題的根本，從而提升愛的能力。

# 第四章

伴侶關係：相互成就之愛

# 婚姻的意義

我經常想問大家一個問題：為什麼要結婚？我的學員會給出各式各樣的答案，例如因為我年紀大了，周圍的人都結婚了，所以我也要結婚；有一個人瘋狂追求我，對我也不錯，所以就和他結婚了；需要傳宗接代，所以結婚了；父母天天催婚，逼著我去相親，為了父母就結婚了。

我為什麼經常問這個問題？因為我認為起點決定終點，結婚的發心決定婚姻是否幸福。我經常講三個蓋房子工人的故事給大家聽。

在建築工地有這樣三個建築工人。

第一個工人做著做著就不耐煩了，心想這個房子反正又不是我住的，費那麼多心力幹嘛？於是他加快速度，草草完工，房子看起來非常粗糙。

第二個工人做了一會也感覺枯燥無味，但他覺得既然收了別人的工錢，就有責任蓋好房子，於是，他繼續認真地做事，一絲不苟地完成了工作，房子看起來十分結實。

第三個工人做得十分投入，他覺得蓋房子真是一件美妙的事情，若是在房前種一些花草，房後再弄一個花園，一家

人其樂融融地住進來，一切真美好！於是他一邊做事一邊吹起了歡快的口哨，以更大的熱情投入工作，並不斷加入自己的創意，房子看起來精緻又美觀。

三年之後，第一個工人失業了，沒人敢再聘請他；第二個工人仍然認認真真地做著老本行，沒有變化；而第三個工人卻成了出名的建築大師，他設計的房子風格獨特、美輪美奐，受到了人們的歡迎。

這三個蓋房子的人，就是對工作抱持三種不同的發心，從而決定著自己的快樂與幸福。

同樣，結婚的發心也很重要。倘若一位女士說：「我結婚就是希望找個男人愛我一輩子，照顧我一輩子，對我好一輩子。」其實妳要找的不是老公，而是一個爸爸，所以妳注定要失敗；倘若一位男士說：「我要找一個女人理解我、包容我、照顧我。」其實你也不是找老婆，而是要找一個人做你媽，所以最終也是會失敗。

也許結婚時大家沒有想這麼多，糊里糊塗走進了婚姻，結果在婚姻中產生了各式各樣的矛盾，不過只要雙方願意改變，比如改變自己的期待、改變自己的相處模式，同樣會得到幸福。

人們走入婚姻的發心大致有以下幾點：

## 第四章
### 伴侶關係：相互成就之愛

### 1. 婚姻是幸福的港灣

　　不管在外面受到什麼風吹雨打，總有一個地方可以讓我停靠，這個地方不講對錯，它給我溫暖和力量。有時我們需要面對諸多生活壓力，房貸、車貸、孩子教育、工作的變動等，而家是最後的港灣，當你在生活中遇到了一些不如意的事，回家之後沒有說教，沒有指責，而是陪伴，我相信等你走出這段痛苦之後，回憶起來都會是滿滿的感動與愛。

　　很多時候孩子在學校或者外面發生了一些不愉快的事情，或者受傷了，這個時候孩子需要的是一個能夠帶來溫暖的家，而不是指責和說教的家，這一點非常重要，每個人都有脆弱的時候，而家就是人最後的港灣。

### 2. 創造更多的快樂

　　結婚的初衷，一定是希望能夠擁有幸福的家庭和婚姻關係，所以我們結婚還有一個目標，就是創造更多的快樂，舉例：今天吃到了一份特別美味的牛排，這是一份快樂。如果說你吃了這份美味的牛排，不允許你和別人分享，你會有什麼感受？有點可惜吧……若是帶著老婆一起來吃這份牛排，老婆也說非常美味，現在有幾份快樂？兩份了！然後你們回到家一起做牛排，一起享受這個過程，請問現在有幾份快樂？三份！然後分享給孩子，現在幾份了？四份！之後還可以有很多很多份快樂……所以快樂的婚姻是 1 ＋ 1 ＞ 2，甚至更多。那痛苦的

婚姻是什麼？是我只有 0.5，你是 0.6，你問我要快樂，我問你要快樂，彼此索取，彼此痛苦，他們忘記了當初為什麼要走進婚姻，其實這些痛苦的背後，和他本人的心智有非常大的關係（兒童心智），所以提升心智是婚姻非常重要的課題。

### 3. 成就彼此

幸福婚姻應該是讓彼此可以變得更優秀。

從某種意義上來說，家就像企業，伴侶就像搭檔。如果搭檔配合得不錯，企業發展蒸蒸日上；如果搭檔不合適，企業發展寸步難行。我們應該時常問問自己，我結婚後進步了嗎？成長了嗎？這是衡量婚姻是否幸福的一把尺。我在結婚之前做過服裝生意、擺過路邊攤，現在結婚 10 年了，我已經成長為一名心理學的導師、講師、作家、療癒師，而我的另一半也成為講授薩提爾的導師。可以說我們都發生了翻天覆地的改變，婚姻是我們彼此成就的過程。

### 4. 生命的傳承

婚姻可以讓我們延續生命，爺爺將生命傳給爸爸，爸爸將生命傳給我，我將生命傳給兒子，兒子將生命傳給孫子，我們的生命就是這樣一代一代傳承下去，同時我們也是自己家族生命傳承的一部分。

婚姻的意義有很多，不僅僅只是我愛你、你愛我那麼簡單，值得我們深入研究探索，保持一顆好奇的心非常重要。

# 婚姻的四個時期

### 1. 甜蜜期

　　剛結婚時，夫妻雙方彼此吸引，感覺對方如此有魅力，情不自禁地愛上對方。我們把這個時期稱為甜蜜期。我經常會問學員：「你們和另一半是一見鍾情嗎？還是相親的？有自由戀愛的嗎？你們甜蜜期是多久？」有不少回答都非常有意思，許多人說甜蜜期7天，或者1個月，或者3個月，然後就沒有甜蜜了。我會接著問：「你們喜歡什麼類型？」為什麼有人喜歡胖一點的，有人喜歡瘦一點的？有人喜歡長頭髮的，有人喜歡短頭髮的？有人喜歡瓜子臉，有人喜歡圓圓臉，這是為什麼呢？其實，這就和自己的父母有關了。

　　你第一眼見到的異性是誰？我見到的第一個異性是我媽媽，因此找對象時會對比女孩和我媽媽；而女孩見到的第一個異性是爸爸，因此找老公時會對比老公和爸爸。所以我常說，一見鍾情是找「爸媽」。當我們原生家庭存在感情缺失，會把對父母的感情渴望投射在配偶身上，讓配偶去彌補自己的感情缺失與童年的不幸，最終的結果肯定是失敗的。

　　婚姻初期的甜蜜，是因為找到了理想的伴侶，感覺對方

就像自己的父母一樣，可是很快就會發現，伴侶只能是伴侶，當不了自己的父母。

## 2. 衝突期

當甜蜜期過後，就進入了衝突期。我們會發現對方和自己理想中的伴侶是不一樣的，為什麼他不溫柔了？為什麼他不疼我了？為什麼他不理解我了？等等。我們就想著一定要改變對方，要把對方變成我要的樣子，讓他像我理想的父母一樣愛我，包容我。但是大家改造成功了嗎？沒有。為什麼？因為讓你改造成功的話，就代表你是對的，我是錯的：代表你是我的上司，我是你的下屬，我是不可能讓你成功的。其實這也是序位的問題，夫妻是平等的，不是領導與被領導的關係，所以不要奢望一方能夠改變另一方，除非自己願意改變，否則任何人想改造別人都是無效的。我認為人的改變有三個因素，第一，喚醒了內在沉睡的巨人；第二，感受到了愛；第三，體驗到了改變的快樂。我講一個故事。

有一個人走在冬天的大街上，這時走過來一個人說：「你的外套好髒，把外套脫了吧！」你覺得這個人會脫外套嗎？你越讓對方脫掉外套，對方會裹得更加嚴實。和對方講道理，講對錯，或者強制地去脫他的外套，都只會適得其反。可是如果太陽出來了，溫度升高了，對方感到身上太熱了，他便會自動脫掉外套。而這個太陽的溫度就是「愛」。

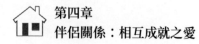

所以愛才是婚姻的主旋律，只有愛才能讓對方願意改變，只有愛才能減少衝突。

### 3.冷戰期或成長期

當改造伴侶不成功時，不少人會採取冷戰策略，希望對方能夠反省自己的錯誤。你見過的冷戰有多長時間的？我講一個故事。

有一次我去上課進修，路上攔了一輛計程車，出於職業的原因，就和司機大哥聊起了家庭。我好奇地問司機大哥：「你的家庭怎麼樣啊？」司機大哥嘆了一口氣說：「唉，這是我最難過的地方。」我說：「怎麼啦？」他說：「我和老婆關係很不好，冷戰。」我說：「多久了？」司機大哥說：「你猜。」我說：「基本就是 7 ～ 10 天吧！」他說：「你大膽一點。」我說：「難道一個月嗎？」他說：「你再大膽一點。」我說：「難道一年嗎？」他說：「兄弟啊，我們冷戰 7 年了。」哇！真是顛覆了我的認知，我說：「那孩子呢？」他說：「我有一個女兒，前段時間還割腕自殺，現在都不知道怎麼辦才好。」我說：「你們睡覺呢？」他說：「一人一間房。」我說：「那你為什麼不離婚？」他說：「我不會讓她好過，我就不離婚，我就這樣耗下去，哪怕耗到死也行。」

7 年的冷戰，我聽完內心感受到這位司機大哥的渴望，其實他是非常渴望得到愛的。我經常開玩笑說，全世界的家

庭連續劇，都在演繹 3 句話的故事。

第 1 句話，我那麼愛你，喜歡你，你知道嗎？

第 2 句話，我那麼愛你，喜歡你，為什麼你要傷害我？

第 3 句話，我那麼愛你，喜歡你，為什麼你要傷害我？我要報復你！

實際上，當婚姻出現矛盾時，就代表你們兩位都需要去成長和學習了。冷戰並不能解決問題，而應積極面對問題，解決問題，在問題中成長，這才是婚姻幸福的訣竅。

## 4. 分手期或幸福期

許多人分手時，會認為也許是自己運氣不好，沒有找對伴侶，換一個也許會更好。可是你換了可能會更好，也可能會更糟，畢竟不會游泳的人，換游泳池是解決不了問題的。

倘若你吸取了上段婚姻的教訓，有可能你換一個會好一點；要是你沒有在上一段婚姻裡學到東西，那你的下一段有可能會更痛苦。所以，在進入下段婚姻前，一定要問自己三個問題：

1. 自己從前段婚姻學到了什麼？自己的責任是什麼？自己提升的點在哪裡？

2. 你還恨前任嗎？你是恨他還是感恩？你能放下嗎？

3. 你現在一個人能過得快樂嗎？你有自己的人生目標嗎？

回答完這三個問題，你就知道答案了。

只有不斷學習和成長，才能走向婚姻幸福，婚姻的幸福不僅僅只有我愛你就夠了，還需要用心和智慧去經營。

# 婚姻的五大挑戰

## 1. 來自童年的創傷

每個人都攜帶著對父母深深的渴望，以及童年的創傷，然後將這份需求投射在伴侶身上，希望對方能夠療癒自己。

婚姻幸福最核心的一條就是，我們必須為自己的創傷負責任。譬如老公容易發怒，脾氣特別不穩定，這一定與他自己童年的創傷有關，要是想改造他，幫他改變這個壞脾氣，就等於妳背負了老公的創傷，這是達不到妳的期望的，這個壞脾氣只能靠他自己去療癒，自己去成長。

再譬如老婆特別黏人，沒有安全感，每天都要檢查老公的行程，這代表老婆童年的創傷被激發了，老婆需要去療癒自己的傷痛，而不是等著老公來救自己，或者等著老公帶給自己安全感，只有妳療癒了自己，才能真正開啟一段新的兩性關係，夫妻親密關係永遠大不過妳與自己的關係。

## 2. 生活習慣

婚姻的第二大挑戰就是生活習慣。請回憶一下你們夫妻因為什麼事經常吵架？大部分的瑣事其實就是生活習慣，而

生活習慣裡面最重要的就是兩點 —— 衛生和飲食。

關於衛生我非常有感觸。我小時候洗臉、洗腳、洗澡都用同一個澡盆，每次用之前就用水沖一下，可是當我和另一半生活在一起的時候，我們為這件事經常發生衝突，她堅持不能用同一個。還有洗臉毛巾、襪子、拖鞋等等生活用品的使用，都會有矛盾。因為她的原生家庭和我的不一樣，所以這方面衝突就特別大。

關於飲食的矛盾也會在生活中有衝突，比如老婆喜歡吃海鮮，老公喜歡吃辣，如果天天吃辣，雖然是滿足了老公，但老婆感覺會怎麼樣？老婆天天做海鮮吃，那老公又會感覺怎麼樣？所以衛生和飲食沒有處理好，夫妻的矛盾衝突就會很大，若是不懂得處理，矛盾就會升級。

那如何解決呢？我給一點建議，彼此接納，給對方空間。見圖 4-1。

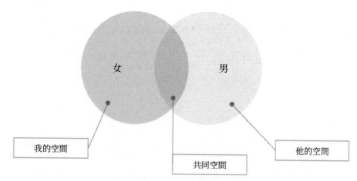

圖 4-1 夫妻之間要給彼此空間

　　婚姻之間一定要給彼此空間，雖然我們是夫妻，但不代表我就是你，你就是我，一個人不可能屬於另一個人。

　　有了尊重才有愛，每個人都需要有自己的空間，有時候可以一個人看看書，或者學習聽課不想被別人打擾，或者一個人去河邊走走。同時夫妻又有共同的空間，像是一起去看電影、一起吃飯、一起聽演講等。

## 3. 事業、家務、財務的合作

　　第三個挑戰就是合作。就像我們合作演奏一首美妙的樂曲，誰彈錯了，都會讓這段音樂失去它原本的旋律。婚姻也是如此，婚姻絕對不是一個人的事，它需要和另外一個人合作。

　　首先是事業。每個人都要有自己的事業，作為與他人平等的基礎。

　　我不太贊成全職寶媽，因為妳展現不了價值，很難得到別人的尊重。

　　當事人往往不容易接受真相，因為沒有誰願意承認自己的不幸，可我們要讓當事人面對現實，看清自己的不足，明白一個道理，即婚姻中兩個人都要有自己的事業，說白了都要有收入來源。孩子剛生下來可能媽媽付出多一點，這個時候媽媽的陪伴確實很重要，等孩子上幼兒園以後，女人要去尋求一份收入，在家庭中展現個人價值。

再來是家務。家務是兩個人的事，家務事其實是挺煩瑣的一件事，畢竟天天都要做飯、洗衣服等等。不少男人會把這些事全部推到老婆一個人身上，甚至認為這樣的事就應該老婆來做，老婆做得不好就是老婆的錯。這是非常不合理的一個想法，倘若老公有這樣的觀念，代表老公還沒有真正長大，他找的是媽媽，而不是老婆。

吃飯如果是兩個人一起吃，那做飯這件事就應該是我們兩人的責任，我們家是分工的，我負責洗菜、炒菜，而我老婆負責洗碗、整理廚房，這就是一種平衡。如果全部都是老婆做的，那老公最基本也要說一聲：「老婆辛苦了，謝謝。」這也是平衡，她不是你媽媽。因此夫妻之間千萬不要覺得對方做事是應該的，當你認為都是應該的，要是對方沒有做，你就會產生痛苦。

最後是財務，大部分婚姻中的矛盾都和這個有關係，因為錢的問題是夫妻之間的核心利益問題。

不少家庭是老婆掌握財務大權，男人偷偷藏些私房錢。在我來看，這是極度的不平衡，只要有不平衡，都會在其他地方找回平衡，任何的不平衡都會在平衡中平衡。假使老公每天辛苦工作，賺的錢全部歸老婆，自己想買件衣服還要受老婆的管控，你覺得這樣的人生有意義嗎？這叫夫妻嗎？這是一個沒有安全感的媽媽帶著一個聽話的孩子，是畸形的愛情。

　　所以我的建議是，兩個人都要有自己的收入，如果老公收入四萬元，老婆收入三萬元，那每個人拿出收入的 70% 作為家庭基金，用於孩子教育、家庭開支、健康和疾病的保障等，另外 30% 可以自由安排，不需要向對方彙報。比如老公想要孝順一下媽媽，就可以自己去買一些東西送給媽媽。

　　這就是既有我們共同的利益，又給彼此一些空間。

## 4. 孩子教育

　　關於孩子教育問題的衝突，主要來自價值觀的衝突，因為夫妻兩個人來自不同的原生家庭，雙方都有自己的一套價值觀。

　　例如，爸爸是一位成功的企業家，因為沒有唸過大學，所以不太重視成績，畢竟他不是靠學歷成功的。媽媽是一位老師，是透過考上大學改變命運的，因此相當重視孩子的學習。這造成他們夫妻對孩子的教育理念有很大的區別，在教育孩子時就會有衝突。

## 5. 贍養父母

　　父母是我們的根，我們的生命來自父母，當我們結婚後，想到父母生活條件不好，希望能讓父母生活更好一些，這個叫「良知」。

　　父母對每一個孩子來說都非常重要，這是最深的原愛在裡面。我經常說，夫妻吵架最核心的一條，便是不要上升到對方的父母。比如說：就是你媽小氣才生出你這樣小氣的人、就是你父母沒有教養才把你教成這樣、你們一家人沒有一個懂事的等。這樣說觸碰到很多人的底線，所以切記不要這樣吵架，後果是非常嚴重的，夫妻吵架是你們兩個人的事，與其他人無關。

　　關於贍養父母，我有兩個建議。

　　第一，對父母的態度好才是真正的孝順。什麼是愛？對方犯了錯，而你願意帶著慈悲去接納對方，這就是愛。

　　第二，夫妻雙方要為各自的父母負責任。我的父母就應該我自己來孝順，當老婆也是這樣想的時候，你會發現關係變得輕鬆不少。當我們覺得都是理所應當的時候，失落和痛苦就在後面等著你。

# 婚姻的三大基石

一棟房子的牆壁斑駁了，外牆的磁磚掉了，這些絕對不會讓房子倒塌，可若是地基出現了問題，房子就會出現危險。婚姻的三大基石指的就是房子的地基，我總結出下面三個核心問題。

## 1. 要成為有價值的人

我經常問大家一個問題：「你為什麼願意花 150 元買一個杯子？」很多學員會說：「因為它能裝水、裝茶、裝酒或者其他東西。」這個就是杯子的價值，如果有一天杯子不小心摔壞了，你會怎麼做？同學們說那就只能丟到垃圾桶了。

其實在婚姻中也是同樣的道理，每個人都要展現出自己的價值。你的價值越大，對方就越愛你；反之你的價值越小，愛也許就沒有那麼多了。譬如老公工作穩定，同時擅長做飯，還會帶老婆去旅行，對家庭來說他是有價值的，缺點是衛生習慣不太好，或者脾氣沒有那麼好。不過老婆綜合考慮後，認為老公的價值大於缺點，便能忍受老公的缺點。

如果這位老婆比較會做家務，能洗衣服，帶孩子，比較勤勞，可是不注重形象，外表邋遢，沒有工作，整天抱怨。

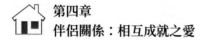

老公綜合考慮，認為老婆價值小於優點，對老婆就不是很好，夫妻感情便會受到影響。

倘若一個男人成家立業後，依然沉迷線上遊戲，這說明兩個問題。第一，他在現實生活中找不到歸屬感和價值感，不管是工作還是生活，沒有值得打拚的目標。第二，他和父親的連結存在問題，沒有應對世界的力量感，才會不分晝夜地玩遊戲來找尋力量，同時又躲避現實。

所以在婚姻中，每個人都要思考自己的價值是什麼？你有哪些不可替代的價值？哪些價值能夠大於自身的缺點。許多學員問，為什麼老公不回家？為什麼老公不帶我去旅行？為什麼老婆不尊重我？為什麼老婆對我態度不好？我想問，你們能用什麼吸引對方？把價值弄清楚了，就能明白婚姻穩定的核心是什麼了。

一定要記住，90% 的男人都是以視覺為主，因此說男人的漏洞是眼睛，女性一定要注意自己的形象。而 90% 的女人都經受不住甜言蜜語，因此說女人的漏洞是耳朵，女人往往比較感性，非常容易活在夢幻世界裡，都渴望成為童話故事裡面的白雪公主，等著那個騎著白馬的王子來愛她一生一世，結果是很多女人都沒有等到白馬王子。

因此想辦法提升自己的價值吧！與其尋找，不如吸引，你天天尋找愛，渴望對方愛你，還不如提升自己的價值，吸引對方來愛你。

## 2. 性是婚姻的重要基石

從遠古時期開始，男性就是力量的代表，男性出去打獵，女性在家養育孩子。你會發現不少戰爭都是和男人的征服欲有關，他想證明自己，而男人最渴望征服的是女人。

當男人在性方面能夠征服心愛的女人時，他會有一種被崇拜的感覺，男性的力量能夠全面爆發出來。而如果老婆在性方面侮辱老公，其實這是對男人最大的侮辱。

目前我們已知的、唯一能夠傳承生命的，就是透過「性」，所以海靈格說，性大於愛。我們人類能夠傳承到今天，都是由性而誕生生命。

夫妻擁有美好的性生活，能有什麼好處呢？

1. 生命的傳承，可以與伴侶最深度地連結。
2. 可以釋放壓力。當男人在外面壓力大，或者焦慮的時候，性可以釋放非常多的壓力。女性也是一樣，當女人受了委屈時，和諧的性生活能夠釋放女人大量的委屈。
3. 性有助於睡眠，有報告研究，性對睡眠是有幫助的。

## 3. 婚姻中的身分

佛洛伊德（Sigmund Freud）提出過「三我」理論，本我、自我、超我。我從婚姻的角度，提出我們每個人也有三重自我，對應三重心智。

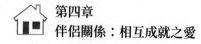

第四章
伴侶關係：相互成就之愛

第一身分：孩子身分（孩子心智）

一般提到年齡，大家第一時間想到的是身分證上的年齡，但同時我們還有一個心理年齡，也叫心智年齡。我們每個人都要經歷兒童期、再到青春期、再到成人期，不過實際年齡和心理年齡往往不容易同步發展，那什麼是孩子心智呢？

孩子有一個最重要的信念，就是你要為我的人生負責任。比如我今天在學校不開心，有同學欺負我，媽媽妳要為我出頭。我今天在馬路上被一顆石頭絆倒了，摔得超痛，都是石頭的錯，媽媽妳要幫我打石頭。孩童心智就是自己的人生交給父母，我的快樂與幸福都是父母的事，我不開心是父母讓我不開心，我不快樂是父母讓我不快樂。

因此很多人走進婚姻之後，心智還沒有完全成熟，以一種兒童的心智走進婚姻，想著：我把幸福快樂託付給你了，我在婚姻裡受傷了，都是你害的。老公的兒童心智表現在：老婆需要理解我，老婆需要包容我，老婆要來滿足我的全部需求。這樣的心智，是沒辦法以一種健康的婚姻狀態持續下去的。

第二身分：成人身分（成人心智）

成人心智基本是透過後天的學習成長提升的。我最開始學習心理學只有一個目標，就是幫助更多的家庭實現幸福的願望。我當時認為自己的心理沒有任何「問題」，經過 10 年的學習，我才發現自己當年是多麼的傲慢與無知。在這裡我要糾正

一個觀點，不少人認為只有心理有問題的人才學心理學，這是一個非常大的謬誤。心理學目前分兩大類：一類是學院派心理學，就是醫院的專業醫生，比如治療精神病的醫生；另一類就是後現代心理學，比如艾瑞克森催眠、薩提爾家庭治療、NLP神經語言程式學，這些主要用於處理家庭關係，或者自我的情緒處理等。學習後現代心理學是為了更好地了解自己，並與他人更好地連結的一套方法與工具，而不是有心理問題的人才學。

什麼是成人心智呢？最核心的一點，就是我可以為自己的人生負責任。

第三身分：父母身分（父母心智）

什麼是父母心智呢？回憶一下你小時候和父母是怎麼相處的？當你把襪子亂扔時，父母會教你襪子如何歸位。當我們在吃飯時，如果左手沒有拿碗，或者用筷子在菜裡面翻來翻去，父母會告訴我們這都是不禮貌的行為。父母還會教我們遇到陌生人要有禮貌，家裡來了客人要學會與人打招呼，要記得為客人倒茶等等。

所以父母的第一個表現，就是要教導我們或者改造我們。這裡我要問大家，在婚姻裡面你有想改造對方的時候嗎？你有教導對方的時候嗎？

婚姻常出現的問題就是身分錯位，你做了對方的媽媽，只有媽媽天天讓我改變，天天教導我怎麼做人怎麼做事。而

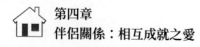
許多老婆當了老公的媽媽，自己卻渾然不知。

老公離老婆越來越遠，為什麼？因為自己找的是老婆，不是找來教導我的媽媽。結婚前老婆看到的是老公優秀的一面；結婚後，老婆看到老公不好的一面，就想改造老公。成人心態就應該接受真實的老公，而不是總想當老公的媽媽，改造老公。

老公也會做老婆的爸爸，就像帶一個女兒一樣，希望改造老婆，經常對老婆說：「妳要溫柔一點，脾氣要好一點，穿衣服要有品味……」天天教老婆怎麼做人做事，這就是當了對方爸爸的表現。同時老婆也渴望找一個理解自己，包容自己，全部都能滿足自己的男人，這是老婆想找爸爸的表現。

難道婚姻裡只能任由其發展？不改變對方嗎？我在這裡分享兩點。

1. 不洗腳睡覺、亂扔襪子，或者有些不愛乾淨，這件事真的那麼重要嗎？你就非要對方改變？是改變對方重要，還是你們的關係和諧重要？

2. 人是不願意被改變的，除非他感受到了愛，感受到了被接納，感受到了不被強迫改變，這時他才能自願去改變，否則人是不可能接受強制被改變的。

接下來我用下面的圖 4-2，來讓大家更容易理解三重身分對婚姻的影響。

最後來總結一下，我們每個人在婚姻當中都有三重身分，即孩子身分、成人身分、父母身分。當我們在婚姻中只有一種身分的時候，就會缺乏創造力，比如：老婆總是以一個孩子的身分和老公相處，心裡會覺得很委屈；或者老婆總是以父母的身分想去改變老公，什麼事老婆都要管，老婆會覺得特別累；或者老公每天都以一

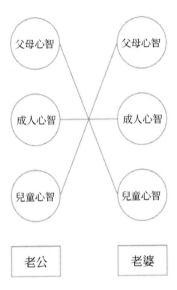

圖 4-2 婚姻中的三重身分

個成人的身分生活，缺乏幽默與頑皮，每天都戴著面具生活，婚姻會很無趣。這些都會讓我們在婚姻當中陷入僵局。

不少人學習了我的課程後，誤以為只需要擺脫孩子身分、父母身分，全部變成成人身分，自己的婚姻就幸福了，其實不然。學習三重身分的重點，是想告訴大家，在不同時間、不同地點，我們需要用不同身分，清楚自己在什麼情況下，應該是什麼身分。

當夫妻來到海邊，走在沙灘上，老婆脫掉鞋子和老公在沙灘玩水，表現出自己的孩子身分，當然是非常適合的。當

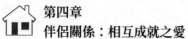
老公生病了，老婆像母親一樣去照顧他，這時表現出母親身分就十分合適。所以學習三重身分，主要是要明確自己目前是哪種身分，這個身分合適嗎？假使感覺痛苦，那就說明身分不對，需要及時調整。

# 婚姻的三個建議

## 1. 接受對方本來的樣子

　　許多人認為結婚前後對方好像不一樣了，結婚前只看見優點，結婚後才發現對方缺點真多。其實結婚前後都是一個人，同時具有優點和缺點才是完整的他（她）。

　　就像一群大學室友，討論以後希望嫁給什麼樣的男人？有人說，希望未來的老公身高 180 公分，不抽菸、不喝酒、浪漫、體貼、溫柔。當我們帶著這種標準去找老公，而現實中又無法實現時，是會感覺非常痛苦的。我也算是閱人無數，這樣的人我還真的沒見過。有人說，趙老師就很完美，我說自己並不是一個完美的人，我的優點與缺點是並存的。只是我在不斷修練自己，讓自己接近完整，而不是完美。

　　真正愛一個人，就要接受他本來的樣子。每個人走進婚姻，都帶著無比的憧憬與渴望，因此要讓你理想的伴侶在心中死去，不然你這顆想改變對方的心就不會停止。其實有些事並不影響你們夫妻的感情，他喜歡洗臉和擦身體用同一條毛巾，你就讓他用，你可以多買幾條毛巾給自己。我們本來就來自不同的原生家庭，沒有兩個人是一樣的，愛得多不如

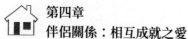

愛得對，另一半喜歡洗被子，你就讓她多洗幾次。就像我們家牙膏有 2 種以上，洗髮精也有 2 種以上，杯子有好幾個，這樣不是很好嗎？每個人都按自己的方式生活，世界才更有意思啊！要是全世界都和你一樣，會有這麼多的樂趣嗎？會有這麼美妙的世界嗎？

## 2. 共同愛好

夫妻要共同生活幾十年，這幾十年我們要怎麼樣生活呢？夫妻之間首先是要有吸力，相互的吸力越大，關係就越牢固，而相互的推力越大，關係就越容易斷掉。長久的吸力往往與共同愛好有關，這些愛好通常是兩個人在一起之後，慢慢培養出來的。

曾經有一個學員找我求助，希望能夠挽回和老婆的關係，他們的婚姻生活已經過得非常冷淡了。我就問他：「你們之間有什麼共同愛好嗎？」他說：「平常我們的工作都很忙碌，在休息的時候，老婆喜歡戶外攝影，而我喜歡和一群朋友去釣魚。」我說：「如果你真的希望挽回這段感情，我給你一個建議，你也去學學攝影，並且和老婆一起去攝影。」後來他聽了我的建議，買了攝影器材去學習，並且和老婆一起去攝影，一起度假。

結果他們的關係發生了巨大的改變。我經常開玩笑說：「你不陪另一半玩，就會有其他人代替你去。你不陪另一半

創造更多的興趣愛好，就會有其他人代替你去完成。」

什麼樣的夫妻感情能牢固？應該既是夫妻，又是玩伴，又是戰友，又是親人。如果老公的愛好是打麻將，而老婆的愛好是購物，或者老公的愛好是唱 KTV，而老婆的愛好是打麻將，這就代表夫妻缺乏連結與交集，只是為了生活而生活而已，關係不親密。所以我授課時說，找伴侶的時候，一定要關注男朋友或者女朋友，他們在生活中，用什麼樣的方式放鬆自己，或者他（她）的愛好是什麼？你一定要搞清楚，看自己能否接受，別衝動式結婚。

比如，我和另一半已經結婚 10 多年，俗話說，婚姻有 7 年之癢，可我 10 多年了，還沒有感受到什麼是癢。我和另一半一起發展了許多共同愛好，第一個共同愛好，就是我們對心理學都非常感興趣，我們都是一起學習，一起討論分享。除了聊一些家庭的事情，我們還可以聊很多關於心理學的話題。我們的第二個共同愛好，就是看電影，我們會一起看懸疑電影，然後一起聊電影裡的橋段，這讓我們又多了一份樂趣。還有我們喜歡旅遊，偶爾一起玩撞球，誰輸了就幫對方按摩 15 分鐘。這些愛好讓我們的生活充滿樂趣。

## 3. 情感帳戶

和銀行帳戶一樣，人與人之間也有一個帳戶，那就是情感帳戶。

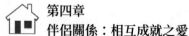

　　譬如你過生日時，有一個朋友千里迢迢來為你慶祝生日，還特別用心地為你準備了生日禮物，這就相當於他在你們的情感帳戶裡面存了他的情感，下一年你過生日時，他又用心來為你慶祝生日，準備生日禮物，倘若有一天他過生日時，你會怎麼對待他？或者他需要你幫助時，你會願意幫助他嗎？

　　人與人之間情感的儲備是非常重要的，例如你渴望受到上司重視，不是等到需要的時候，再去好好表現或者存情感，而是在之前就需要儲備情感。還記得你們夫妻是怎麼在一起的嗎？我猜肯定是你約女朋友去看電影，或者逛街，又或者一起去唱歌，並買禮物給她等。這些是什麼？都是在你們的情感帳戶裡存情感，而有的女生買禮物給男朋友，關心他，這也是在存情感。等兩個人的情感帳戶裡積蓄頗豐時，結婚就水到渠成了。

　　而很多人的婚姻是什麼樣的？結婚之後，男生再也不約會，也不和老婆去看電影，不買禮物了；而有些女生結婚之後，再也不買禮物，也不關心老公，不像戀愛時那麼溫柔了。這樣做就等於在雙方的情感帳戶裡，不斷取出自己的情感，等帳戶取空了，感情就淡了。

　　我經常問學員，如何證明你愛對方？你替對方洗衣服、幫他做飯、帶孩子、買禮物，這是你向情感帳戶裡不斷存情感，這是你愛對方。但如果我做了這些，對方卻沒有回報，比如買個生日禮物給老公，等我生日時，老公沒有送禮物，我就非常

生氣。那你買禮物是一種什麼樣的愛？是交換的愛。如果我替老公洗衣服，就希望老公幫我做飯，這也是一種交換的愛。交換的愛，是指在情感帳戶中交換感情，倘若雙方太在意自己能取多少，就會失落和失望。若是真正愛對方，應該更關注自己向情感帳戶裡存了多少，而不是關注我們能交換多少。所以婚姻幸福的前提是，大家都是成人心態，都是為了和人生伴侶度過餘生，那我們就肯定需要定期存情感。

有一次我講課開車回來，有一些疲憊，老婆在娘家，希望我去接她回家。我當時心裡想，難道妳不知道我講課有多辛苦嗎？難道妳不能自己叫車回家嗎？還要我接？可是我馬上轉念一想，存情感的時候又到了，既然愛她，就應該去接她一起回家，不能讓她獨自搭車回家。

所以夫妻就是這樣，我陪她逛街，她陪我吃飯；我陪她看電影，送她鮮花；她陪我去打撞球，送我皮帶。當我們兩個不斷地往情感帳戶存情感的時候，感情就會越來越好，假設有一天我們吵架了，也不至於婚姻破裂。

有個學員找我諮詢說：「我很愛老婆，可是我們之間發生了許多不愉快的事情，我又很想修復我們的感情，我該怎麼辦？」我說：「你還記得自己怎麼追求她的嗎？」他說：「我記得啊！」我說：「那你就重新愛一回，重新追一回，只要愛還在，一切皆有可能。」

# 冥想療癒

　　我帶領大家做一個兩性關係的冥想療癒練習，這個練習的主題就是回歸身分的練習。我們童年因父母未滿足自己的渴望，便投射在伴侶身上，期望伴侶來滿足這份渴望，這樣就會出現身分錯位，從而感覺委屈。接下來的這個冥想療癒，就是回歸我們的身分，重建愛的序位。首先我們找到一個安靜舒適的環境，確保不會被打擾。

　　我們慢慢地站起來……閉上眼睛……把注意力集中在呼吸上……慢慢地吸氣……慢慢地吐氣……你可以放鬆肩膀……也可以放鬆手臂……再慢慢地放鬆腰部……腿部……感受雙腳踏在地板上的感覺……如果感覺自己還有哪裡不放鬆……可以透過呼氣的方式緩和……讓自己完完全全地放鬆下來……

　　現在要請你回憶和伴侶之間發生矛盾的一件事……請你想像伴侶出現在面前……留意一下他（她）的眼睛……以及他（她）的面部表情……以及一些特別的肢體動作……然後再回憶一下這件事帶給你的情緒感受……當時發生了什麼……對方說了什麼……或者做了什麼……讓你特別不舒服

或者委屈的事是什麼……甚至這件事讓你感覺到自己情緒失控的狀態……你聽到了什麼……看到了什麼……當回憶起來後……現在要請你感受一下這是一種什麼樣的情緒……是一種什麼樣的感受……是憤怒嗎……是委屈嗎……還是其他什麼樣的情緒……

當你留意到這份情緒的時候……請注意一下它現在在你身體的哪個位置……或許在胸口……或者在其他地方……慢慢去感受它……我們不著急……當你感受到這份情緒在身體某個位置時……現在要請你用手輕輕地觸碰這個位置……就像撫摸我們心愛的小狗一樣……或者撫摸我們心愛的洋娃娃一樣……去撫摸它……去感受它……然後對它說……我看到你了……我感受到你了……謝謝你用這樣的方式提醒我……讓我去成長去療癒……謝謝你……然後把一個呼吸帶到這個情緒的地方……

然後請你在心裡想……看著你的伴侶……對他（她）說……當我們之間發生這樣的事情時……我感到憤怒……委屈……我也非常生氣和難受……我知道自己有需要成長的地方……你也有需要成長的地方……可是我只能做你的伴侶……沒有資格去做你的父母……我也沒有資格去改造你……也沒有資格去教導你……對不起……我把不屬於我的身分還給你……現在要請你彎下腰來……雙手自然地垂

下⋯⋯把不屬於你的都還給對方⋯⋯想像這種情緒就像一道白光從身體裡面飛了出去⋯⋯飛了出去⋯⋯直到自己感覺到輕鬆⋯⋯

當你感覺到輕鬆了⋯⋯就可以慢慢地站起來⋯⋯然後再次看向對方的眼睛說⋯⋯也許你對我也有一份期待⋯⋯而我只能做伴侶能做的⋯⋯不能更多⋯⋯我沒有資格去做你的父母⋯⋯我也做不到⋯⋯對不起⋯⋯現在我想回到伴侶的身分⋯⋯以伴侶的身分來愛你⋯⋯尊重你⋯⋯謝謝你⋯⋯如果可以的話⋯⋯我想用一個全新的成人身分來擁抱你⋯⋯愛你⋯⋯可以嗎⋯⋯可以的話⋯⋯再慢慢地靠近⋯⋯擁抱⋯⋯連結⋯⋯然後再慢慢地回到當下。

# 真實療癒個案

## ■溝通是表達自己的需求而不是命令

案主：女士，40歲，希望改善夫妻關係。

趙中華：妳想做什麼主題？

案主：我想改善夫妻關係。

趙中華：你們結婚多久了？有幾個孩子？

案主：結婚16年了。有三個小孩，分別是14歲、6歲、3歲。

趙中華：你們是怎麼認識的？

案主：他在我同學店裡上班，我同學說他很勤勞，然後剛好我每一次打電話過去都是他接的，電話裡聊過好多次，就互有好感了。

趙中華：妳說戀愛的時候，感覺還是相當甜蜜的。

案主：對，當時很甜蜜，覺得自己找到了真命天子，因為我就是想找一個勤勞的、老實的、靠得住的，這樣就行了。

趙中華：妳這句話背後的意思，好像是覺得妳爸爸不老實？

案主：我爸爸是不負責任的人，他喜歡喝酒，不作為，不管家裡的事，我讀幾年級他都不知道。但他人際關係好，挺善良的，樂於助人，為人也大方。

趙中華：妳媽媽呢？

案主：我媽媽很能幹，也十分勤勞，不過她做了好事都要讓大家知道，經常告訴我們她很能幹。

趙中華：妳父母的關係怎麼樣？

案主：他們的關係時好時壞，就一般吧！

趙中華：父母和你們之間的關係怎麼樣？

案主：普普通通，沒有感受到很親密。

趙中華：妳有幾個兄弟姊妹？

案主：我排第二，有一個姊姊，兩個妹妹，一個弟弟。

趙中華：那妳家裡面挺熱鬧的。

案主：不算熱鬧，雖然人多，可是除了吃飯，很少聚在一起。爸爸有時候不回來吃飯，有一個妹妹經常到爺爺家去，我現在出來工作了，就更少聚在一起了。

趙中華：妳小時候有親情中斷嗎？

案主：沒有，我們家就是放養式的教育。

趙中華：為什麼說妳爸爸不負責任？

案主：因為從我懂事起，就看到媽媽忙農活，甚至是做很多男人做的工作，所以我們也幫著媽媽做。我爸爸經常和

狐朋狗友出去，沒有幫家裡承擔責任，包括我們的學費也不管。

趙中華：妳爸是做什麼工作的？

案主：他是司機，17歲就開拖拉機，我們那裡沒有誰不認識他，他人際關係真的不錯。

趙中華：他有外遇嗎？

案主：沒有。我只是覺得我媽太累了，為媽媽打抱不平。如果我是他的話，身為一個男人肯定要愛護老婆孩子，把日子過得更好些。

趙中華：妳對老公的要求是不是滿多的？

案主：我覺得都是基本要求，承擔起家庭的責任。

趙中華：都是關於責任，妳是在彌補媽媽的缺失，妳覺得媽媽沒有做到，妳要做到。妳結婚後，要是感到老公不負責任，妳就會非常憤怒，因為爸爸不負責任對妳影響很大。你們夫妻現在的關係怎麼樣？

案主：前一陣子我打算離婚。

趙中華：妳形容一下妳老公。

案主：結婚之前，我覺得他很有責任感，也很勤勞。現在覺得他不負責任，家裡的事也不管，和他商量買房子、裝修的事，他都不願意聊。

趙中華：你們很少溝通？

案主：是的，這種情況有六七年了，他不是家庭排第一，是他朋友排第一。我結婚前就默默發誓，以後找個老公絕對不酗酒，不能不負責任，但現在他好像我爸的複製品。

趙中華：結婚前他喝酒嗎？

案主：喝得比較少，現在即便是半夜有人約他出去喝酒，他也會去。他說人家邀他出去喝酒，不能不給面子，我就自己生悶氣。

趙中華：孩子和誰親密一點？

案主：和我老公親密一點，他很喜歡孩子。

趙中華：在成長過程中，有什麼重要的事情對妳影響比較大？

案主：我讀國中的時候，爸媽吵架，好像拿刀來出了，我沒親眼看到。還有我 8 歲那年，過年時我叔叔嬸嬸買了些玩具，分到我時沒有了，我就離家出走了，這件事沒有人知道，我自己一個人生氣，走了滿遠的，後來感到害怕，就又回來了。還有一次是我 10 歲時，妹妹用竹竿敲我，我受傷流血了。

趙中華：妳希望和老公的關係，恢復到什麼程度？

案主：能夠順暢溝通。現在我和老公一溝通他就拒絕，要麼說在家裡別談事情，要麼是白天工作地方又看不到人。比如，我說：「我們現在要聊一下我們的規劃。」他說：「我現在沒空。」我說：「什麼時候有空？」他說：「等有空再

通知妳。」我就特別生氣。

趙中華：妳根本不是溝通，是審犯人，妳高高在上的姿態，讓對方不舒服。

案主：我也不是想要改變他，只不過想生活好一點。

趙中華：如果發現老公是不負責任的，妳就會情緒失控，讓妳想到了爸爸，這是根源。我們看一下排列。

### ● 排列呈現

（引入爸爸代表、媽媽代表、大姊代表、三妹代表、四妹代表、弟弟代表、案主代表）

趙中華：大家跟著感覺移動一下（見圖4-3）。

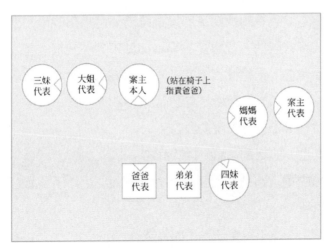

圖4-3 各位代表排列呈現

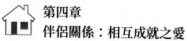
趙中華：看到這個排列，妳有什麼感受？

案主：不是我想像的那麼完美，七零八落的，有一點失落。

爸爸代表：我覺得有兒子，就很放心了。

媽媽代表：我有點不太想靠近老公。

趙中華：（對案主說）妳有什麼感覺？

案主：我想替媽媽撐腰，爸爸代表說有兒子就放心了，實際上我家生這麼多孩子，就是為了要一個兒子，所以生了兒子他非常高興。

趙中華：妳替媽媽撐腰，就是充當了你們家的拯救者，所以妳很累。

案主：我看到媽媽這麼累很難受，可是那時候我又沒有能力、沒有辦法，我想拯救媽媽卻做不到，我恨爸爸，他沒有照顧我們，恨媽媽沒有和我爸溝通好，導致我們缺愛，雖然爸爸去世了，但我還是有點恨他。

趙中華：爸爸怎麼去世的？

案主：他總是喝酒，得了肝癌。

趙中華：妳站在椅子上，對父親說：「你不負責任，不配當爸爸。」

案主：你不負責任，不配當爸爸。

爸爸代表：我感到很孤獨。

趙中華：妳有什麼感受？

案主：我不該這樣指責爸爸，因為我是女兒。

趙中華：妳有這樣的領悟很好。

案主：我心裡舒服多了，也踏實許多。

趙中華：妳知道為什麼老公不跟妳溝通嗎？妳也是站在那把椅子上跟他說話，妳感覺到了嗎？

案主：應該是的。

趙中華：先放低姿態，學會溫柔，再談溝通的事。我帶妳一起對爸爸說段話。

### 老師帶著案主一起說

你是我的爸爸，我是你的女兒，我沒有資格要求你去做一個怎樣的爸爸，對不起，原諒我的傲慢。

趙中華：向爸爸鞠躬，爸爸有爸爸的方式，爸爸有爸爸的人生，妳沒有權利去干涉。

### 老師帶著案主一起說

媽媽，我很愛妳，一直想替妳去做一些事情，去彌補妳沒做到的，不過我發現自己也做不到，我好累，我也不能拯救你們。

趙中華：向媽媽鞠躬。

### 老師帶著媽媽代表一起說

女兒，我有自己的命運，是我自己選擇的，與妳無關，我一點都不可憐，我有這麼多孩子，我有妳的爸爸，我的人生與妳無關。

趙中華：妳現在有什麼感覺？

案主：感覺我這顆操勞的心放下來了。

趙中華：妳是個善良的女孩子，從小就有拯救者情結，要拯救整個家庭，要拯救兄弟姊妹，還要拯救父母，要改變爸爸喝酒的習慣，要讓爸爸負責任。結婚後，妳要改變老公，妳做到了嗎？

案主：我真的很累。

趙中華：對，這就是身分不對，有些東西是不能改的，父母是我們的長輩，他們有他們的命運。我們再看看妳現在家庭的排列。

### ● 排列呈現

（引入老公代表、大女兒代表、小女兒代表、兒子代表、案主代表）

趙中華：大家跟著感覺移動一下（見圖 4-4）。

趙中華：老公代表什麼感覺？

老公代表：不想和老婆靠得太近，有點畏懼，希望和兒子待在一起。

兒子代表：我覺得我想跟爸爸在一起。

大女兒代表：我也想跟爸爸在一起。

小女兒代表：我覺得媽媽很無助，很孤單，我就過來和媽媽在一起。

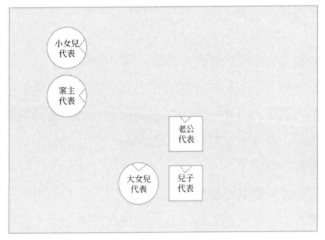

圖 4-4 各位代表排列呈現

案主代表：小女兒在這邊心裡舒服一點。

趙中華：妳看完之後，有什麼感受？

案主：心裡不好受，我心中幸福的家庭就是全家人圍在一起，可是現在這樣子，我心裡不舒服。

趙中華：妳一直生活在幻想裡，覺得只要每天監督孩子寫作業，孩子就一定會考上好大學，只要每天叫老公回來，老公就一輩子對自己不離不棄，要和老公溝通時，老公就應

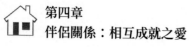
該配合。現實世界中，應該是只負責自己該做的，對方怎麼做是對方的事。妳有什麼話對老公說？

案主：老公，其實我也不是對你有很高的要求，只是想讓你多待在家裡，別總是在朋友身上花那麼多精力。

趙中華：妳說的這些話，換成一句話就是，老公我需要你。

案主：老公我需要你，我很孤獨，也很累。

趙中華：不要和對方講道理，直接說出妳的需求。像是我怕黑，我想抱著你。將脆弱表現出來，將面具撕下來，這才叫溝通，溝通不是妳教我怎麼做事。

案主：明白了。

趙中華：妳還想和老公說什麼？

案主：老公，對不起，我沒有更多地關心你，我覺得你對我不好，我就沒有對你好。其實我很想對你好，不過你的表現，讓我對你好不起來，以後我要改變自己。

趙中華：我帶著老公代表說幾句話。

## 老師帶著老公代表一起說

老婆，我有一份責任，也有自己的原生家庭。我只是妳老公，不是妳爸爸，妳也不是我媽媽，我無法療癒妳，更無法修復妳爸爸不負責任帶給妳的創傷，我做不到。

趙中華：妳感覺怎麼樣？

案主：我心裡舒服多了。

趙中華：妳愛他嗎？

案主：我愛他。

趙中華：其實你們還是相愛的，否則他不可能跟妳在一起十幾年。妳知道老公為什麼會酗酒嗎？因為他需要有自己的空間，他需要愛，妳每天跟他講道理，他沒人傾訴，只好拿酒傾訴。妳要學會溫柔。妳覺得做什麼事，可以改善你們的關係？

案主：一起看電影。

趙中華：再加一件，一起去旅遊。

案主：好的。

趙中華：做一個姿勢代表放鬆，想一件你們溝通不愉快的事，妳非常氣憤，這種情緒在妳身體的什麼位置？把手放在這個位置上，小時候有什麼讓妳害怕的事？

案主：爸爸媽媽說要離婚。

趙中華：妳不能接受父母要離婚，妳無奈、傷心，妳說出來：「爸爸媽媽不要離婚，我很傷心，我很害怕。」深呼吸，站起來，用一個動作代表放鬆自己，用一個動作來代表愛自己，然後蹲在地上，跟隨音樂慢慢站起來，張開雙手，放鬆自己，再收回來，擁抱自己，再張開，再抱自己，然後和8歲的自己說：「讓我來抱抱妳，讓我來給妳愛，我來

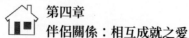
療癒妳，妳不再害怕了，因為今天的我長大了，我知道怎麼愛妳，妳不需要再向別人索取了，因為我能給妳，我愛妳寶貝，我愛妳。」再做一個深呼吸，感覺自己的身體開始變化，用一個姿勢代表溫柔的自己，記住這個溫柔的姿勢，今後的婚姻中妳很需要溫柔，用愛心送給這個世界，用愛心送給所有需要的人，我要做一個全新的自己，把手舉高，說：「我愛你們，我長大了，我感受到愛了，謝謝你們。

案主：我現在很開心，感覺原來的煩惱都不是問題了。

趙中華：出個作業給妳，對自己說：「我看見妳了，我感受到妳了，我接納妳，我愛妳。」連續說 63 天。還有一定要去旅遊一趟，這些都做完了，再聊溝通的事。

**趙中華洞見**

案主的目標是改善夫妻關係，他們之間的障礙是不能有效溝通。什麼是溝通？你去拖一下地，你十點必須睡覺，把我的衣服拿過來，這是溝通嗎？這是命令。溝通一定是雙向的，有來有往才是溝通。

什麼是有效溝通？有效溝通一定要真實表達自己的需求，不是和對方講道理。無法表達自己的需求，是因為我們脆弱，因為我們害怕受傷。當我們小時候向爸爸媽媽表達的時候，曾經受到了傷害，所以結婚後，不敢向另一半表達。

當我們向另一半表達自己需要擁抱，需要陪伴，害怕孤

獨時，也許對方不一定會馬上滿足我們的需求，但是對方會明白我們想要什麼，而不是和對方講道理，愛要表達才知道。

## ■ 伴侶無法療癒自己童年的創傷

案主：女士，36 歲，希望調節夫妻關係。

趙中華：妳想做什麼主題？

案主：改善夫妻關係。我 7 歲時媽媽因車禍去世了，我在奶奶家生活，奶奶對我十分嚴厲，我每天放學後都要到田裡幫忙。

趙中華：妳想念媽媽嗎？什麼感受？

案主：每當別人穿新衣服時，我就希望媽媽也買新衣服給我。每當放學時看到別人都有媽媽來接，我就特別想媽媽，希望媽媽來接我。

趙中華：妳今天諮詢想達到什麼目標？

案主：我希望自己今後能夠情緒穩定，心態平和。

趙中華：現在對妳情緒影響最大的是誰？

案主：我老公和我兒子，還有我婆婆。

趙中華：我們今天只能處理妳和一個人的關係，妳想處理哪一個？

案主：處理我和老公的關係。

趙中華：如果他達不到妳的要求，妳就會發脾氣，是吧？

案主：是的，我脾氣暴躁，容易發火。我覺得他過分依賴我，希望他自己承擔起責任，不要總是把事情交給我，所以我很煩躁。

趙中華：假如他自己承擔起責任，妳心裡到底想要什麼？

案主：我希望他理解我、懂我、愛我。

趙中華：其實就是因為妳小時候站在學校門口，別人有媽媽接，而妳沒有，所以妳希望老公能給妳這種關愛。

● 排列呈現

（引入案主代表、媽媽代表）

趙中華：大家跟著感覺移動一下（見圖 4-5）。

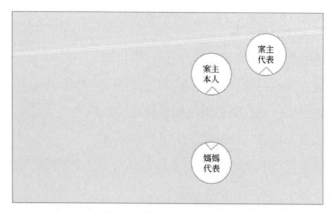

圖 4-5 各位代表排列呈現

趙中華：妳小時候一直渴望媽媽能到校門口接送，能買新衣服給妳，所以長大後，妳處理不好和老公的關係，因為妳想在老公身上找到媽媽的愛，希望老公的愛能彌補童年愛的缺失。妳向前走，每往前走一步，就小十歲，回到 7 歲的時候，想想自己在校門口等媽媽的感覺，想想自己每天要去田裡幫忙，在最需要的時候，媽媽離開了自己。

**老師帶著案主一起說**

媽媽，我很想妳，我需要妳在校門口接我，需要妳買新衣服，我希望妳在奶奶欺負我的時候，幫幫我，媽媽妳在哪裡？請給我一點愛，我受了很多傷，我想在別人討厭我的時候，妳不討厭我。

趙中華：和媽媽擁抱，完全融化在媽媽的身體裡，感受媽媽的愛，媽媽的愛源源不斷地流入妳的身體，想像頭頂有一道光，穿越妳的頭，進入妳的內心，這是媽媽的愛，滋養妳的內心，感覺到溫暖。

（媽媽代表對案主說）妳很不容易，很期待媽媽的愛，是媽媽沒有陪伴妳，我感覺到妳了，我愛妳！

**老師帶著案主一起說**

媽媽，我連結到妳的愛了，我已經長大，36 歲了，我以 36 歲的人生態度看待我的人生，我將帶著妳和爸爸給我的

愛，帶著你們的祝福，去走好我的人生路，媽媽，謝謝妳！
我長大了，我愛妳！

## ● 排列呈現

（引入老公代表、兒子代表）

趙中華：大家跟著感覺移動一下（見圖4-6）。

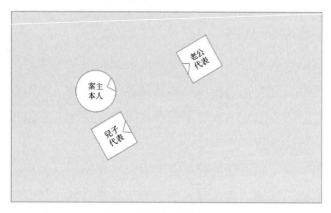

圖 4-6 各位代表排列呈現

趙中華：看得出來，在妳心裡兒子比老公重要多了。老
公有什麼感受？

老公代表：雖然我愛她，但靠近她時，還是心裡發慌。

趙中華：所謂愛的糾纏就是序位不清，序位清晰才能讓
愛流動。

能感覺出來老公還是很喜歡妳的，不過妳當了老公的媽
媽，老公又當了妳的爸爸。所以要替妳解除一下身分。

## ● 排列呈現

（引入婆婆代表、公公代表）

趙中華：大家跟著感覺移動一下（見圖 4-7）。

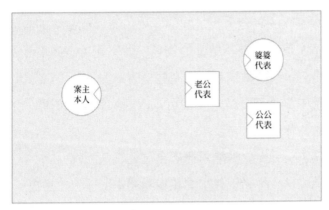

圖 4-7 各位代表排列呈現

**老師帶著案主一起說**

你是我的老公，我是你的老婆。我只能做你的老婆，沒資格做你的媽媽教導你。對不起，我現在把不屬於我的身分還回去。

**老師帶著婆婆代表一起說**

我是他的媽媽，由我來教育他，請妳不要站在我的位置上，妳只是他的老婆，不是他的媽媽，妳退出屬於我的位置，可以嗎？

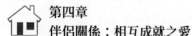
趙中華：想像一下，從妳的身上飛出一道光，飛到他媽媽的位置上。

## 老師帶著老公代表一起說

妳是我的老婆，我是妳的老公，我只能做妳的老公，沒有資格、也沒有權利做妳的爸爸。對不起，請接受我是妳老公的身分，有些事情我對妳有些傷害，對不起！請妳原諒！

趙中華：若是做些事情可以改變妳和老公的關係，妳希望他做些什麼？

案主：我希望他能承擔起自己的責任。

趙中華：妳希望他送妳花或看場電影，這才是愛。

案主：我讓老公送花給我，卻被罵了。今天我想對老公說：「老公，我希望你送一束玫瑰花給我，這樣我就能感受到愛。」

趙中華：往後退，閉上眼，妳現在是 7 歲的自己，妳經常語言攻擊自己，說明妳不能接受自己，妳討厭自己，所以罵自己。妳每說十句話裡面，就有五句話是罵自己，妳不能接受曾經受傷的自己，被別人嫌棄的自己，妳經常說別人討厭自己，會讓妳覺得自己不夠好，妳回到 7 歲的時候，回想自己的感受，慢慢睜開眼睛。

## 老師帶著案主一起說

　　我不夠完美，妳能愛我嗎？我總是被別人嫌棄，妳能接納我嗎？妳能愛我嗎？我表現不好，妳能愛我嗎？我從小就沒有媽媽，妳能愛我嗎？我有時反應很慢，妳還愛我嗎？就算我不完美，妳能愛我嗎？就算我小時候沒有媽媽陪伴，妳也能愛我嗎？就算我受到很多傷，妳還能愛我嗎？我需要妳，我希望妳能接納我，別把我丟在外面，媽媽已經把我丟在外面了，我需要妳來愛我，36歲的我，請妳愛我。

　　趙中華：妳一直討厭那個被奶奶欺負的自己，不能接受自己的過去，總和自己過不去。請妳摸著7歲的自己說：「讓我來愛妳吧！妳不再會孤單了，妳回家了，在世界上終究會有人來愛妳，無論妳怎樣，我都愛妳。」

　　案主：謝謝，我感覺好多了。

## 趙中華洞見

　　夫妻相處時有一個障礙，就是渴望對方能夠療癒自己童年的傷痛，此時不自覺地就會出現身分錯位，自己當了對方的女兒或者兒子，把對方當成自己的父母，從而出現愛的糾纏，對方也非常痛苦、非常累。婚姻的意義是成就彼此，每個人都要為自己的創傷負責任，對方沒有辦法療癒你童年的創傷。只有當我們都以成人的身分相處時，才能真正成為彼此的人生伴侶。

## ■如何處理婚外情

案主：女士，37歲，希望調節夫妻關係。

趙中華：妳想做什麼主題？

案主：調節夫妻之間的關係。我結婚7年了，和老公價值觀不同，他和我說話總是不耐煩，他做飯時，如果我進廚房，他就說妳出去，不要進來。本來我是好心想幫忙，他卻總是拒絕我。

趙中華：妳是什麼感覺？

案主：很委屈，也很生氣。

趙中華：妳理想中的夫妻關係是什麼樣的？

案主：雙方心平氣和的。

趙中華：他的情緒會影響妳，對嗎？

案主：對。

趙中華：透過今天的個案，妳想達到什麼目的？

案主：即便他對我發火，我也不受影響，能夠掌控自己的情緒。

趙中華：聊聊妳的爸爸。

案主：爸爸很老實，沒有責任感，不敢說話。

趙中華：再說說妳媽媽。

案主：我媽媽很善良，可是脾氣不好，我和媽媽很像，脾氣也不好。

趙中華：妳父母吵架時，妳在幹什麼？

案主：我有時會去幫媽媽，有時會視而不見。我還有個哥哥，他和我媽媽關係好一些。

### ● 排列呈現

（引入案主代表、爸爸代表、媽媽代表、哥哥代表）

趙中華：大家跟著感覺移動一下（見圖4-8）。

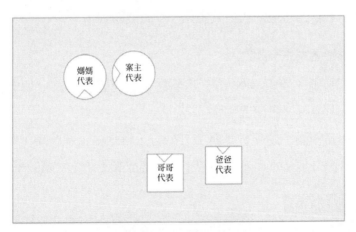

圖 4-8 各位代表排列呈現

趙中華：媽媽走到哪裡，妳就跟到哪裡，妳和媽媽很親。

案主：我想保護媽媽。

趙中華：妳需要解除和媽媽的身分認同，妳有沒有發現自己的脾氣和媽媽很像？

案主：我媽媽是被外公逼著嫁給我爸爸的。

趙中華：妳想救媽媽，就是站在外婆的位置上了，身為女兒，妳是不可能救妳媽媽的。

**老師帶著媽媽代表一起說**

女兒，外公逼我嫁給妳爸爸，這是我的人生，與妳無關，我要為自己的人生負責任，女兒謝謝妳！

**老師帶著案主一起說**

媽媽，我很愛妳，甚至複製了妳的脾氣，這一切的一切，都是為了證明我愛妳。

趙中華：即便妳媽媽被外公打，也是上一輩的事，妳想當外公外婆？那是不可能的，所以妳改變不了上一輩的事。

## ● 排列呈現

（引入外公代表）

趙中華：大家跟著感覺移動一下（見圖 4-9）。

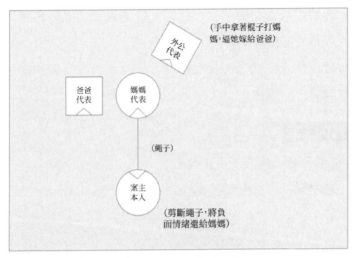

圖 4-9 各位代表排列呈現

## 老師帶著案主一起說

媽媽，我決定把情緒還給妳，把不屬於我的還給妳，我決定當女兒，回到女兒的身分，以女兒的身分來愛妳。

趙中華：想像自己身體裡有媽媽的壞脾氣，身體裡有拯救父母的情結，剪斷這根繩子，讓自己從這種情緒中解脫出來。

案主：媽媽，我救不了妳，我一直愛妳。（剪斷繩子）

趙中華：想像妳的情緒像一道光一樣飛出去，飛到妳媽媽的身後。

媽媽代表：女兒，我祝福妳，這是爸爸媽媽的命運，與妳我無關，謝謝妳！

　　爸爸代表：女兒，我祝福妳，這是我和妳媽媽的命運，與妳無關，謝謝妳！

● 排列呈現

　　（引入老公代表、小三代表）

　　趙中華：大家跟著感覺移動一下（見圖 4-10）。

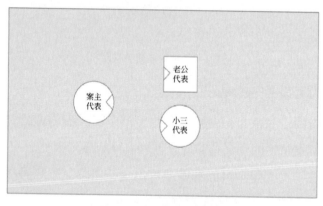

圖 4-10 各位代表排列呈現

　　趙中華：看得出來，妳排斥老公。儘管老公有小三，但感覺老公還是愛妳的。

　　案主代表：我心裡很委屈，也很生氣，又想靠近老公，又不想靠近，十分矛盾。

### 老師帶著老公代表一起說

妳是我的老婆,我是妳的老公,我只能做妳的老公,沒辦法做妳的爸爸,也許妳對我有些期待,但這種期待是妳對爸爸的期待,對不起!我做不到。

趙中華:爸爸是爸爸,老公是老公,這是兩個人,妳不能把對爸爸的期待放在老公身上。

### 老師帶著案主一起說

爸爸,我很想你,想得到你的重視,想得到你的肯定,所以我在老公身上尋找,可最終我發現找不到。

### 老師帶著爸爸代表一起說

女兒,我才是妳的爸爸,他不是,他不能代替我,我很抱歉,對不起!

趙中華:我給妳一個枕頭,把妳胸口中的憤怒傳到枕頭上,把它甩出去。

案主:(一邊摔枕頭一邊說)我恨妳,妳憑什麼這樣對我?妳為什麼這樣對我?我有什麼對不起妳嗎?去死吧!妳為什麼打我?我爸都沒打過我,我打死妳。

趙中華:婚外情是沒有完美解決方案的。

### 老師帶著老公代表一起說

對不起，我不奢求妳的原諒，我會為此承擔責任。

### 老師帶著小三代表一起說

對不起，我傷害了妳的家庭，傷害了你們夫妻的感情，因為我也需要愛，我不奢求妳的原諒。

趙中華：她也是一個需要愛的人，知道錯了。婚姻的任何問題，都是雙方的責任，情緒也發洩了，生活還要繼續。

### 老師帶著老公代表一起說

因為我也沒有學過怎麼經營婚姻，婚姻中有很多事都不懂，我不是一個完美的伴侶，謝謝妳！

趙中華：要是覺得和老公過不下去，妳也可以考慮離婚。這裡面的重點是，他不是妳爸爸，他不可能像爸爸一樣對妳。

### ● 排列呈現

（引入兒子代表、女兒代表）

趙中華：大家跟著感覺移動一下（見圖4-11）。

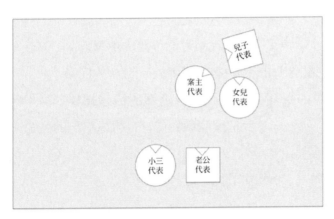

圖 4-11 各位代表排列呈現

趙中華：（對案主的兒子和女兒說）看到爸爸媽媽這樣，你們有什麼想法？

兒子代表：我覺得媽媽很可憐。

趙中華：他一旦覺得妳可憐，就會為了救妳，重蹈覆轍，成為妳的替代品，用他的一生來救妳。

女兒代表：希望你們能幸福，給我們一個溫暖的家，妳永遠是我的媽媽，你永遠是我的爸爸，我永遠愛你們。

趙中華：擁抱一下。

趙中華：妳回家後的作業就是，當內心有些要求和期待沒有得到滿足時，妳有些負面情緒，請妳把手放在胸口，感覺此刻 4 歲的妳在胸口，她很害怕，沒有安全感，用妳的手撫摸 4 歲的妳，說：「我看到妳了，我拍拍妳，妳很孤單，

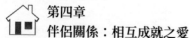
很恐懼，很需要愛，妳現在還小，沒有人去愛妳，當妳慢慢長大，37 歲了，我現在來愛妳，讓妳不再孤單，讓我來療癒妳。」想像妳的手有療癒的動作，「我帶妳回家。」

妳的負面情緒也許來自媽媽的情緒轉移，對 4 歲的妳說：「我愛妳，我把療癒帶給妳。」想像自己的生命之樹不斷成長。

案主：我記住了，謝謝老師。

## 趙中華洞見

在大量個案中，我發現案主和父母中的哪一位關係惡劣，就容易被哪一位傷到，案主和父母中的哪一位關係親密，就容易像哪一位。一切源於愛，一切始於愛。案主非常愛媽媽，同時也容易複製媽媽，包括媽媽的負面情緒，在案主結婚後呈現出來的愛而不親，就是這個原因。我為她療癒時，就是讓案主連結，看見，療癒，創造。

婚外情沒有完美的解決方案，婚外情對感情是非常大的破壞，造成了心理極度地不平衡，而不少人會選擇用報復的方式，傷害別人，傷害自己，這都是不良的處理方式，其實婚外情是需要去平衡的。

## ■只有接納不完美的自己，才能改善夫妻關係

案主：女士，39 歲，希望調節夫妻關係。

趙中華：妳想做什麼主題？

案主：調節夫妻之間的關係。老公一接近我，我就反感，和老公說話時，我也沒有耐心。

趙中華：你們結婚多久了？

案主：十年了。

趙中華：怎麼認識的？

案主：我們兩個的媽媽認識，所以就撮合我們，當年我 28 歲，我丈夫比我小一歲。

趙中華：剛開始認識時，妳有什麼感覺？

案主：我覺得他很帥，但是我很自卑。

趙中華：剛結婚時，你們之間的關係怎麼樣？

案主：因為我們的媽媽認識，所以也沒談戀愛，就直接結婚了，結婚後沒有特別親密的感覺，一直相當平淡。

趙中華：你們現在還住在一起嗎？

案主：住在一起。

趙中華：你們有溝通交流嗎？

案主：有，不過每次溝通，都是以憤怒結束。

趙中華：是誰憤怒了？

案主：是我，他很少和我交流，只要他接近我，和我說話，我就討厭他，非常不耐煩，我對他有種莫名的討厭，會抗拒他接近我。

趙中華：剛結婚時，妳討厭他嗎？

案主：剛結婚時還好些，有了孩子後，我就開始討厭他。

趙中華：生孩子幾年了？

案主：7 年了，有孩子後，我們一直分床睡，我不讓他靠近我。

趙中華：妳今天諮詢期望達到什麼效果呢？

案主：我對他的抗拒非常強烈，我想找到原因，我也希望能夠愛他、接納他，改善我們的關係。

趙中華：妳分別替你們的愛情、激情、親情打個分數。

案主：愛情 0 分，激情 0 分，親情 8 分。

趙中華：妳以前談過戀愛嗎？

案主：談過。

趙中華：有遺憾嗎？

案主：有一點點。

趙中華：性是婚姻的基石，所以你們的婚姻出問題了。

案主：他發簡訊給我，我就特別反感。

趙中華：妳閉上眼睛，想想這種負面情緒是什麼感受？

是憤怒？還是委屈？

　　案主：是討厭，是厭惡。

　　趙中華：妳小時候發生過什麼事？

　　案主：我媽媽每天打我，爸爸也經常罵我。我還有一個弟弟和一個妹妹。

● 排列呈現

　　（引入爸爸代表、媽媽代表、兒子代表、情緒代表、其他可能性代表）

　　趙中華：大家跟著感覺移動一下（見圖4-12）。

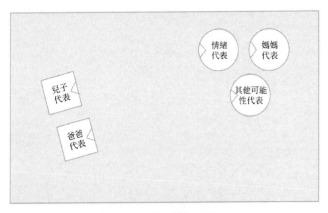

圖 4-12 各位代表排列呈現

　　趙中華：從排列上看，妳的負面情緒和媽媽有關，也和其他可能性有關。結婚7年發生了什麼事？

　　案主：兒子代表一上來，我就想哭，感覺心疼他。

趙中華：妳是在心疼自己小時候沒有得到愛，所以把自己的愛全部給了孩子，因為妳心疼他。妳需要療癒妳的童年。

妳閉上眼，回憶小時候，覺得自己在哪個年齡感覺最受傷？

案主：我在 8 歲時感覺最受傷。

● 排列呈現

（引入 8 歲案主代表、39 歲案主代表）

趙中華：大家跟著感覺移動一下（見圖 4-13）。

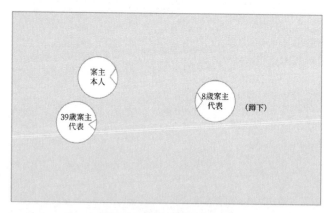

圖 4-13 各位代表排列呈現

案主：我看著 8 歲的自己非常心疼。

趙中華：那妳蹲下和 8 歲的自己說一段話。

**老師帶著案主一起說**

我心疼妳，妳受了不少委屈，受了不少傷，悲痛得睡不著覺，我今天來療癒妳，妳為什麼生活在一個這樣的家庭？被媽媽打，被爸爸罵，妳的童年為什麼這麼慘？

趙中華：妳在心疼 8 歲的自己，因為小時候沒有得到愛，所以把全部精力放在孩子身上，以此來彌補自己小時候缺失的愛。

妳為什麼無法和老公保持親密關係，因為妳覺得自己不夠好，妳恨自己，甚至罵自己，恨自己為什麼生在這樣的家庭，童年為什麼這麼慘，妳討厭那個童年的自己。

真正需要愛、需要滋養的是這個 8 歲的妳，假使 8 歲的妳不被療癒，將永遠是妳心中的傷口。

妳每往前走一步就小十歲，回到 8 歲的妳，想像一下當年的自己，被媽媽打罵，受到爸爸的冷漠對待，8 歲的妳，一直被現在的妳排斥，導致妳們是分離的。我們現在要做的，就是要把 8 歲的妳和現在的妳融為一個人，這樣才能開啟妳的心結。

邀請 8 歲的妳看著現在的妳說一段話。

**老師帶著 8 歲案主代表一起說**

妳是長大的我，我是受傷的妳，我不完美，我受很多傷，受了很多委屈，可是我想回家，請妳接納我，請妳別排

斥我，我甚至不想別人碰我的身體，我需要愛，請妳接納我，請妳接納受傷的我，請妳接納脆弱的我，可以嗎？我需要妳接納我，不要再排斥我，讓我回家，雖然我不完美，請妳接受我，可以嗎？

趙中華：和8歲的妳擁抱一下。

案主：我愛妳，8歲的我，讓我來療癒妳。

趙中華：妳小時候受傷太多，妳把這些傷都帶到妳的孩子身上，把所有的愛都給了孩子，今天妳療癒8歲的妳，其實是在療癒妳自己，剛才將8歲的妳領回家，妳有沒有歸屬感？

案主：有。

趙中華：（對老公代表說）看到老婆這樣，你有什麼感受？

老公代表：我想擁抱她，愛她。

趙中華：妳不願意靠近老公的原因，是因為妳討厭自己，討厭童年受傷的自己，現在只能透過兩個人治癒妳，就是妳的老公和兒子。

### 老師帶著案主一起說

你是我的老公，我是你的老婆，我們是因為相親認識的，所以有一些遺憾，我對愛情有期待，甚至需要再戀愛一次，我需要別人送我鮮花的感覺，我希望你能追我一次，買禮物給我。

### 老師帶著老公代表一起說

妳是我的老婆，我是妳的老公，我也需要愛，我和妳是相親認識的，我也希望和妳談一次戀愛，妳願意和我談一次戀愛嗎？因為我愛妳，所以希望和妳擁抱，謝謝妳！

### 老師帶著案主一起說

親愛的自己，以後妳有情緒衝著我來，他們是無辜的，妳需要療癒的是我，而不是他們，我會陪伴妳成長，親愛的自己，可以嗎？

趙中華：妳回去後的作業是，當和老公發生矛盾時，或者和孩子發生矛盾時，妳的憤怒在身體的哪個部位，妳把手放在這個部位上，輕輕撫摸，感受 8 歲的自己，被媽媽打的那個自己，對著自己說：「我看到妳了，我感受到妳，我接納妳，我愛妳，謝謝妳，今天我終於感受到妳，我用 39 歲的自己來愛妳，來療癒妳，因為我長大了，這麼多年，妳無時無刻不在提醒我，妳需要被愛，妳需要被療癒。」

妳只有療癒了自己，才能去愛家人。

案主：我明白了，謝謝老師。

### 趙中華洞見

這個婚姻關係的個案當中，回溯到案主的童年經歷了創傷。在我大量的個案當中，許多案主最不能接受的是自己，

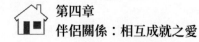
常常自我否定。比如，讓案主上臺去演講，介紹一下自己，案主會說不行，或說不好，或者經常自我否定，我不漂亮、我不聰明、我沒辦法等等。這都是不接受自己的表現，不接受自己，就很難接受他人，同時自我價值感低。我們進行心理療癒時，就是讓案主去接納那個曾經不接納的自己，那個不完美的自己，從而改善和他人的關係。

電子書購買

爽讀 APP

國家圖書館出版品預行編目資料

從矛盾到和解，家庭系統療癒法：病態共生、身分定位、婚姻挑戰……從修復親情到認識自己，解開情感纏繞，共建和諧關係 / 趙中華 著. -- 第一版 . -- 臺北市：崧燁文化事業有限公司，2024.04
面；　公分
POD 版
ISBN 978-626-394-119-9( 平裝 )
1.CST: 家庭關係 2.CST: 家族治療 3.CST: 家庭心理學
544.1　　 113002972

# 從矛盾到和解，家庭系統療癒法：病態共生、身分定位、婚姻挑戰……從修復親情到認識自己，解開情感纏繞，共建和諧關係

臉書

作　　　者：趙中華
發 行 人：黃振庭
出 版 者：崧燁文化事業有限公司
發 行 者：崧燁文化事業有限公司
E - m a i l：sonbookservice@gmail.com
粉 絲 頁：https://www.facebook.com/sonbookss/
網　　　址：https://sonbook.net/
地　　　址：台北市中正區重慶南路一段六十一號八樓 815 室
Rm. 815, 8F., No.61, Sec. 1, Chongqing S. Rd., Zhongzheng Dist., Taipei City 100, Taiwan
電　　　話：(02) 2370-3310　　傳　　真：(02) 2388-1990
印　　　刷：京峯數位服務有限公司
律師顧問：廣華律師事務所 張珮琦律師

定　　　價：350 元
發行日期：2024 年 04 月第一版
◎本書以 POD 印製